総合保育双書6

キッズ・ミート・アート
子どもと出会い、
すれ違うアート

［編］
大阪総合保育大学総合保育研究所「保育におけるアートの可能性」プロジェクト
〈編集代表〉
弘田陽介
村上佑介
應典院

ふくろう出版

総合保育双書の刊行にあたって

　大阪総合保育大学は、平成18年4月、保育士及び幼稚園・小学校教諭を養成する4年制大学として開学し、平成22年4月に、その後の保育・教育を取り巻く環境の著しい変化と多様化した諸課題に対応できる、より高度な専門的職業能力を備えた人材を養成するために、大学院修士課程を設置しました。翌年の4月には、保育に関する理論と実践を融合した総合的研究を推進し、本学及び城南学園付属校・園・センターとそれ以外の校・園の教職員並びに大学院生の研究・研修の場とするとともに、その成果を広く社会に発信して、保育の質的向上に寄与するために、総合保育研究所を設立しました。なお、平成24年4月には、「保育の質の向上」が謳われる現状に鑑み、より高度な専門性と独創性、豊かな人間性とともに、確かな実践的、臨床的視野を兼ね備えた保育・幼児教育の研究者を養成することが急務であると考え、博士後期課程を設置し、従来の修士課程を博士前期課程に名称変更しております。さらに、現在、必ずしも重視されてこなかった乳児保育プロパーに取り組む「乳児保育士」(本学独自)を養成する新学科の申請を行っているところです。

　さて、本研究所は、本学の名称に掲げている「総合保育」に関する理論的、実践的研究の組織・推進、研究成果の発信・出版並びに「総合保育」関係資料の収集・整理を行うとともに、現職教職員や大学院生の研究・研修を支援し、さらに国際学術交流を推進することを主な事業としています。幸い、現在までにすでに100名を超える研究員・客員研究員の参加を得、短期の共同研究プロジェクトとしては設立当初に発足した「子育て支援、保育指導のプロセス研究、幼保一体化の課題と方向、乳児保育、絵本プロジェクト」の5つのプロジェクトに加えて新たに「保育におけるアートの可能性、気になる子どもの理解と支援、子育てしやすいまちづくり」の3つのプロジェクトを立ち上げ、現在に至っています。また設立当初から「幼児教育の国際比較」をテーマに長期プロジェクトにも取り組んでいるところです。

　そこで、研究成果が一応のまとまりをみました共同研究班から順に、その成果を「総合保育双書」として刊行することにしました。本双書が我が国の保育の質的向上にいささかなりとも貢献できますことを願って止みません。

　最後に、本双書の刊行にあたり、中尾博城南学園理事長と中尾徹司常務理事の温かいご支援とたゆまぬご尽力をいただきましたことに深く感謝申し上げます。

　なお、本文章は山﨑高哉名誉学長の刊行の言葉を踏襲して必要な加筆をしたものです。

平成31年3月31日
大阪総合保育大学
総合保育研究所所長
玉置哲淳

子どもとアート
そしてお寺と幼稚園

不躾な出会いとすれ違い

何かのためではなく

ただ作る
たださわる
ただ歌う
ただ浸る

何が生まれるか
何も生まれないかもしれない

あの子どもはいつかのあなたで
このあなたはいつかの子ども

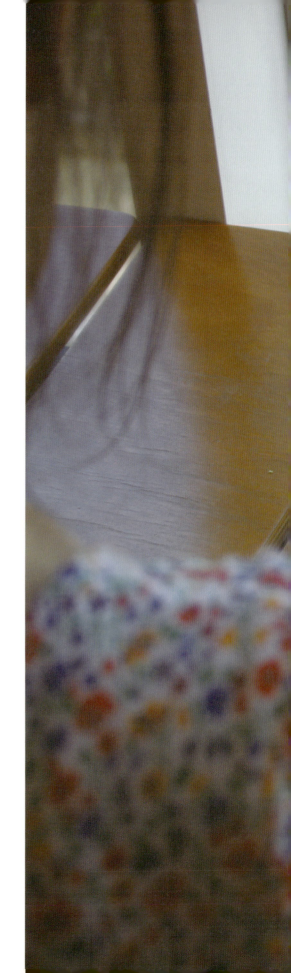

インファンス

ラテン語で「子ども」であり、「in（否定の接頭辞）＋fans（言葉を話す）」。
子どもとは「言葉をもたない者」という含意がヨーロッパの言葉にはある。
言葉をもたず、言葉にならず、もやもやし、とまどい、
ひっそりと身体の内に沈んでしまう「インファンス」。

抱っこされながら、おずおずとアーティストに近づく

「夢中のトンネル」の中で子どもは世界を作る

※年数と番号は100頁からのカタログに対応
上：2013 / 2「からだであそぼっ！」
下：2015 / 4「トコトコ人形でお散歩〜人形作り・お散歩あそび・お絵描きをしてみよう〜」

刀の型稽古を通して、チャンバラ遊びが武術へと変わる

大人と一緒のワークの中で言葉にならない身体の感覚に触れる

作ったものに何を託すのか、
そこから何がにじみ出てくるのか

上：2013/4「古武術の型に学ぶ体使い〜和の身体文化〜」
中：2016/4「親子でカラダ・コミュニケーション〜一緒に遊んで身体・感覚づくり〜」
下：2016/3「心の中のおじぞうさま〜粘土を使ってお地蔵様を作ろう〜」

アートと出会う、
アートとすれ違う

インファンスが、アートという言葉にならぬものに出会い、
すれ違い、人生のどこかでそれと出会うかもしれないということ。
大人が自分の人生の中の言葉にならないものを抱え、それと子どもを見比べながら、
大人とインファンスの二重の生を生きるということ。

アートの中で子どもは大人に出会う

枝を木と見る目には
命が見える

座敷の空間に現れた音楽家

上：2016 / 2「ゆめじぞう〜ねがいごとや夢をカプセルに詰めて〜」
下左：2016 / 1「ゆるゆるゴロゴロコンサート〜ゆりかごクラシック 0.1.2〜」
下右：2017 / 2「想像の木・創造の木〜彫刻家とつくる〈木で創る「木」〉〜」

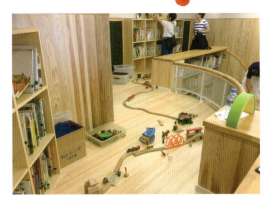

木のレールは
心の中の道を指し示す

作品は寺院の風景との
コントラストの中で生を得る

古典的なプロジェクターは生活の品を
アート作品へと変貌させる

水と出会って何に触れる？

上左：2017 / 9「木のおもちゃで遊ぼう〜せんろは続くよどこまでも〜」
上右：2016 / 2「ゆめじぞう〜ねがいごとや夢をカプセルに詰めて〜」
中：2017 / 12「探究の遊び〜ひかり・ワークショップ〜」
下：2017 / 8「命めぐる水〜たけ☆みず冒険ものがたり〜」

まれびととしての
アーティスト

アーティストたちは、子どもにとっての「まれびと」であり、
アーティストたちにとっても、子どもたちは「まれびと」である。
見たことないもの、聞いたことない音、
使ったことない身体と出会う。

武術家にチャンバラを教えてもらえるなんて

？？？　頭の中に浮かぶ楽譜は？　だけど身体は動いて心も動く

上：2013／4「古武術の型に学ぶ体使い〜和の身体文化〜」
下：2013／7「湧き上がるこころ、奏でるからだ〜即興アンサンブルの〈ワークショップ〉と〈ライブ〉」

日常、生活、保育、教育の外側にあるアート

予め定められたプランや発達段階、
「大人／子ども」などの
仕切りをも破壊するような、暴力性。

マイクは歌を歌うのにも使えるし、
質問をするときにも使える

儀式がこんなに
楽しいものとは

ＴＶのドラマから出てきた人？
だって役者さんなんだもの

おもしろいおっちゃん！
だけどお坊さんなんだって

上：2013／9「ジャズのリズムを感じて、いっしょに歌をつくってみましょう」
中２枚：2017／3「子どもお練り供養〜二十五菩薩さんはヒーローだ〜」
下：2017／14「お坊さんの人形劇〜坊主と小僧のお話はじまります〜」

きれいなアート、表現やコミュニケーションに抗う

沈黙の中で、子どもは他者なる何かに出会う。
キッズ・ミート・アートは、今そこにいる子どものためにあるものではない。
今ではなくていつか、どこか別の場所でその子どもが何かに出会うための。

仏さんで福笑い。なんて罰当たりでおもしろいんだ

何を描いたっていい
ぐちゃぐちゃでもはみでちゃっても

形にならないものの形って
どんなのだろう

上：2017／5「仏笑い〜仏の顔、何度でも作れます〜」
下左：2013／1「僕を描く私を描く」
下右：2018／1「土から生み出すかたち〜土の〈表情〉は見えますか？〜」

この本のはじまりに

村上佑介 + 弘田陽介

しー、silencio

2017 / 3「子どもお練り供養〜二十五菩薩さんはヒーローだ〜」

2013年度チラシ　絵：のぐちひろこ／デザイン：森村泰久

2014年度チラシ　デザイン・絵：BOM

　本書は、2013年から6回行われてきたキッズ・ミート・アートというイベントについての報告・考察となるものである。同イベントは当初は主催が城南学園・大阪城南女子短期大学であったが、以後は同短大と大阪市天王寺区にある浄土宗寺院・應典院、NPOの應典院寺町倶楽部、および学校法人蓮光学園・パドマ幼稚園の共同運営の形態で開催された。同イベントの発案は、應典院の住職でありパドマ幼稚園の園長を務める秋田光彦と、2013年に大阪城南女子短期大学に所属していた弘田陽介であり、城南側と應典院、パドマ幼稚園のスタッフが準備・実施を担った。2015年のキッズ・ミート・アートより、城南学園・大阪総合保育大学の総合保育研究所がこのイベントに協賛の形で参画することになった。同研究所に「保育におけるアートの可能性」として、弘田および、同大学所属の栗山誠と、同短大所属の村上佑介が新たなプロジェクトを立ち上げたことによって、この参画が行われた。そして、本書は、これまでの2013年〜2018年までの6回のキッズ・ミート・アートを踏まえ、そのイベントの概要と考察を、イベントの企画者・講師・参加者がまとめたものである。

　そもそもキッズ・ミート・アートとは、「『子どものためのアート』とは何か？」を問い直すための、アーティストによるワークショップおよびコンサートである。「子どものためのアート」という響きからは、教育史上における「アートによる教育 Education through art」という概念が想起されるが、ここで筆者たちが考える「子どものため」とは、子どもたちにあえて教育的な効果をねらいとしない純粋な芸術との出会い、つまり「子どものためではないアート」との出会いを演出することである。

　幼児教育・保育や小学校教育の場では、造形のようなアートの時間を、例えば、子ども同士で制作したもので遊ぶ楽しさを伝え合うことや、作ったものの感想を言い合うことなど、コミュニケーション・ツールとして活用する場面が多い。つまり、純粋に素材との出

会いや、作る楽しさを感じることではなく、作ることの先にある何らかの教育的な効果を求めているのである。もちろん、今の幼児教育・保育の中では、アートがそのような役割を担うことは常識であり、筆者たちもそれに異を唱えるわけではない。しかし、アート、そして子どもの可能性は、私たち大人が想定した範疇を越えたところにあるような気がしてならない。

　本書のⅠ章でも論じているように、「子ども」は、長い人類史において、ヨーロッパ諸語におけるインファンス（infans「in［否定の接頭辞］+ fans［言葉を話す］」）という語が示すように、言葉をもたない者と「大人」からレッテルを貼られてきた。しかし、この言葉をもたない者は、その内に複雑な想いを抱え込んでいる。そして、その想いは大人になっても消えるものではない。アートとはこのひっそりとした内なる想いが、何らかの拍子に飛び出したものではないだろうか。アーティストは形にならない内なるものを外なる素材に託す。自らの手で形をつくるが、その形はもう自らの手を離れている。素材という意のままにならないものと身体の奥にあるひっそりとした想いのコラボレーションによって、アートは形作られる。つまり、アートには、インファンス（「言葉にならないもの」と「子ども性」の両義性）が潜み、そのコラボレーションが不可欠である。

　キッズ・ミート・アートは、子どもの感性の豊かさとアートに潜むインファンスをつなげ、アートと子どもを、捉え直すことを目的としている。キッズ・ミート・アートにおけるアートは、必ずしも、主旨が明確で、素材や対象、制作過程から確実な実感をもつことができるものではない。ともすれば、アートと子どもが出会えず、すれ違いに終わるかもしれない。しかし、そのようなすれ違いにこそ、逆説的に子どもとアートが出会い、子どもとアートの可能性がさらに引き出される場が立ち現れるのではないだろうか。アートと子どもが私たちの想定外に出会うことを期待してやまないのである。

*

村上佑介 + 弘田陽介

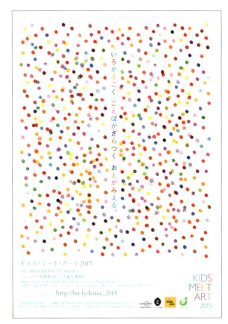

2015年度チラシ　絵：中井敦子 / デザイン：納谷衣美

2016年度チラシ　デザイン・絵：西岡亨洋

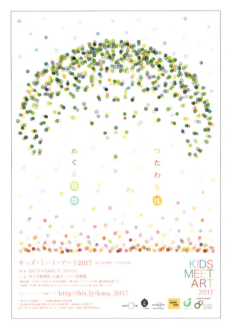

2017年度チラシ　絵：中井敦子／デザイン：かなもりゆうこ

2018年度チラシ　デザイン：杉本奈月

　本書の各章の概要は次のようになっている。Ⅰでは、キッズ・ミート・アートを貫くテーマである「保育の外におけるアート」について、編者のひとりである弘田が論じている。保育や教育の場において実践される子どもの発達に適したアートではなく、子どもの発達や生活、そして生命を一旦阻害して、そこから生まれる子どもとアートの出会い、そしてすれ違いを何とか具現化すべくこの6年間のキッズ・ミート・アートは営まれてきていることを述べた。

　Ⅱは、現在、総合保育研究所の「保育におけるアートの可能性」プロジェクトの事務局員を務める村上が、自らのキッズ・ミート・アートでの造形制作ワークショップを、サイト・スペシフィックという概念から振り返る。サイト・スペシフィックとは、その場（サイト）をも作品の一部とするようなアートの形態であり、村上はこのキッズ・ミート・アートが行われた應典院および大蓮寺という仏教寺院を組み込んだ形での造形制作を行ってきた。粘土や枯れ枝といった素材とその場への「同化」と「介入」は、子どもとアートの結びつきとすれ違いの新たな形を垣間見させるものであった。

　Ⅲは、應典院で長くアート・ディレクションを行ってきた小林瑠音が、どのようにこのキッズ・ミート・アートにアーティストを位置づけてきたかを問い直すものである。子どもたちにとってアーティストは「まれびと」であり、日常生活に亀裂を生じさせる「共謀人」であるというコンセプトによっては、小林は多様で異彩を放つアーティストたちをキッズ・ミート・アートに巻き込んだように思われる。

　キッズ・ミート・アートの舞台であった應典院および大蓮寺は、後でも述べるように地域に長らく親しまれた寺院である。そのお寺という場の特性については、村上も論じているが、Ⅳでは、寺院側の副住職の立場から、秋田光軌がこのイベントを振り返った。お寺という場は、アートに対してどのような機縁（奇縁）を与えるのか、それについて秋田はアフォーダンスという近年、諸学問分野で注目されている概念から捉える。

xvi　　　　　　　　　　この本のはじまりに

また、実働を担った應典院のスタッフは、どのようにこのキッズ・ミート・アートというイベントに想いをのせてくれたのか。このことについては、應典院の主査である齋藤佳津子が児童文化の歴史をも併せ考えながらⅤで論じてくれている。この数年で新たに應典院に入ったスタッフの声も混交させながら、齋藤は「子ども×アート」、そしてお寺というかけ合わせが生み出す、ハイブリッドな協働の形を描いている。

　Ⅵでは、大阪総合保育大学総合保育研究所のプロジェクトが始まった際の創設メンバーであり、キッズ・ミート・アートでもワークショップを行った栗山誠が、これまでの章の切り口とは違う形で、アートの中での子どもの様子を具体的に論じている。栗山はかつてプロジェクトの勉強会でも「子どもは夢中のトンネルに入る」と私たちに語ってくれたことがあるが、その状態をここではフロー体験という、やはり近年諸分野で活用される社会心理学の概念で解き明かしてくれている。

　そして、キッズ・ミート・アートにエンゲージしてくれたアーティスト（というより、その言葉では括り切れない多彩な方々）、および参加者と子どもの保護者（というより、子どもよりも楽しみ、私たちが語れない角度からよりこのイベントを魅力あるものとして語ってくれる方々）の言葉もコラムとして収載している。Ⅰ～Ⅵの論者は、キッズ・ミート・アートを主に担った大阪総合保育大学総合保育研究所のプロジェクト・メンバーであるが、このメンバーの言葉がいかに一面的で独りよがりのものであったか、そして私たちが気づかなかったキッズ・ミート・アートの魅力をコラムは語ってくれている。なお、コラムの一部は應典院のホームページに掲載されているものもある。

　アーティストは子ども向けに自らの試みを縮減するのではなく、子どもとだからできること、また自らのアートだからできる子どもとの関わりを追求してくれた。キッズ・ミート・アートは、子どもに合わせるのではなく、子どもとアートの結びつきの可能性を広げる

應典院　上：外観／下：本堂

パドマ幼稚園　上：玄関／下：園庭

村上佑介 + 弘田陽介

大蓮寺　上：本堂／下：墓地での弔い

2019年3月30日には最新のキッズ・ミート・アートが應典院の新規「終活」事業と連動して行われた。
デザイン：杉本奈月

べく設定されたイベントであった。アーティストにも子どもとのワークに慣れている者もいれば、まったくの初体験という者もいる。にもかかわらず、これまで行ってきた会は楽しくも不思議な雰囲気に包まれ、多くの子どもと保護者は満足して帰っていったように思われる。コンセプトは曖昧だったが、参加してくれた方にそれが伝わっていたであろうことは、本書に関わってくださった方々の言葉からもわかる。

＊

　このキッズ・ミート・アートは、6年間にわたり、主に應典院、パドマ幼稚園、そして浄土宗寺院・大蓮寺を会場に行われた。450年を越える歴史をもつ名刹の大蓮寺、そしてそこに端を発し1997年に地域や若者の教育文化・演劇の振興に特化した形で再建され、現在は新たな葬送の形を考える應典院、また大蓮寺を母体として開園65周年を迎えさらに独自の教育方針・スタイルに磨きをかけるパドマ幼稚園の3施設は、城南学園のスタッフと相まって、このキッズ・ミート・アートを全面的に支えてきた。この文章の筆者である村上と弘田は、應典院のスタッフ・ボランティアの方々には運営上の大きな負担をかけることになってしまった。形にならないアイディアを一つひとつ具体化していく作業は思いもかけないトラブルなどもあり、大変な作業であった。しかし、應典院・大蓮寺という仏教の場の奥行きをこのイベントで改めて知ることになった。全てを受け容れ、そして全てを活かす場としての寺院の可能性をこのイベントを通して教えてもらったような気がする。パドマ幼稚園の先生方、應典院、大蓮寺および本学のボランティアの方、地域の方々、参加者の方々には広報活動やイベントの展開などで本当に感謝しなければならないだろう。ここに記すことで皆様にその感謝の意をお伝えすることで、本書をはじめることにする。なお、本編の一部の記述は、弘田陽介・山田（北谷）千智「子どもとアートの出会いの場を形作る　KIDS MEET ART、キックオフ」（『大阪城南女子短期大学研究紀要』第48巻、2014）のものを用いている。

総合保育双書6

キッズ・ミート・アート
子どもと出会い、すれ違うアート

目　次

総合保育双書の刊行にあたって　　i
玉置哲淳(大阪総合保育大学総合保育研究所所長)

この本のはじまりに　村上佑介 + 弘田陽介　xiii

Ⅰ
保育の内のアートと保育の外のアート　　05
弘田陽介(福山市立大学准教授)

　　　　コラム　お寺で出会う、子どもと異人　　16
　　　　　　　秋田光彦(浄土宗大蓮寺・應典院住職／パドマ幼稚園園長)

　　　　　　疑いなき聴衆　　17
　　　　　　　山田千智(ピアニスト／大阪城南女子短期大学准教授)

　　　　　　子どもたちに「武術」は伝わったか　　19
　　　　　　　石田泰史(武術操身法 遊武会主宰)

Ⅱ
サイト・スペシフィックな立体造形ワークショップの成果と課題
　――キッズ・ミート・アートの実践を通して――　　21
村上佑介(彫刻家／大阪城南女子短期大学専任講師)

　　　　コラム　ピアノはダンスの夢をみる　　38
　　　　　　　エメスズキ(ダンサー)

　　　　　　アート、という場所　　40
　　　　　　　日高由貴(ジャズ・ヴォーカリスト／クラリネット奏者／劇団ふたごぼし)

　　　　　　アートの経験　　42
　　　　　　　のぐちひろこ(画家)

Ⅲ
キッズ・ミート・アートの6年：『共謀人』としての子どもとアーティスト　　43
小林瑠音(前應典院アートディレクター／京都造形大学非常勤講師)

　　　　コラム　遊びをせんとや生まれけむ　　49
　　　　　　　山田 修(縄文人〈見習い〉)

　　　　　　『仏笑い』とはなにか？　　51
　　　　　　　陸奥 賢(観光家／コモンズ・デザイナー／社会実験者)

　　　　　　キッズ・ミート・アートという出会いの場　　53
　　　　　　　弘田陽介(福山市立大学准教授)

　　　　コラム　母ちゃん目線のキッズ・ミート・アート　54
　　　　　　　佐々木清子 (主婦／母ちゃん／ライター)

　　　　　　　知らなかった世界へ　56
　　　　　　　永原由佳 (学校法人蓮光学園　パドマ幼稚園教務主任)

IV
お寺の〈アフォーダンス〉からキッズ・ミート・アートを振り返る　57
秋田光軌 (浄土宗大蓮寺副住職／應典院主幹)

　　　　コラム　やけに夕日が美しい　64
　　　　　　　金子リチャード (劇作家)

　　　　　　　色と墨と熱量と　67
　　　　　　　中井敦子 (こどもアトリエ教師／絵描き)

V
お寺という空間で、大学や幼稚園と連携して子どものアートに取り組む意味
──應典院のスタッフの想い──　69
齋藤佳津子 (應典院・パドマ幼稚園主査)

　　　　インタビュー　齋藤佳津子 (應典院・パドマ幼稚園主査)
　　　　　　　枠の外にあるもの、異領域とのつながりを大切にしたい　78
　　　　　　　インタビュアー・撮影者　金輪際セメ子

　　　　　　　野村　誠 (作曲家／ピアニスト)
　　　　　　　音楽を通して新しいものが生まれてくる場に立ち会いたい　83
　　　　　　　文責　秋田光軌

VI
子どもの造形過程における夢中とフロー体験　85
栗山　誠 (関西学院大学教授)

　　　　コラム　キッズ・ミート・アート巡り　97
　　　　　　　門前斐紀 (立命館大学非常勤講師)

キッズ・ミート・アート　2013〜2019　カタログ　100

おわりにかえて　弘田陽介　114

※I〜VIの執筆者は、大阪総合保育大学総合保育研究所「保育におけるアートの可能性」プロジェクトメンバーである。

I

保育の内のアートと保育の外のアート

弘田陽介

――その沈黙の中で、子どもは他者なる何かに「出会う」のかもしれない。ただし、キッズ・ミート・アートはその何かにも出会えるかどうかは保証しない。保証のあるものには賭けることができない。あくまで偶然であり、即興であるものにしか人は賭けることができない。そのため、キッズ・ミート・アートというイベントは、今そこにいる子どものためにあるものではないのかもしれない。今ではなくていつか、どこか別の場所でその子どもが何かに出会うための種まきであってもよい。

弘田陽介　ひろた・ようすけ
福山市立大学准教授。専門はドイツ教育思想、実践的身体教育論(整体、武術、プロレスなど)、子どもと保育のメディア論(アートや鉄道趣味など)。著書に『近代の擬態／擬態の近代　カントというテキスト・身体・人間』など。

I　保育の内のアートと保育の外のアート

弘田陽介

ひろた・ようすけ

「ほんとうの物語は、みんなそれぞれはてしない物語なんだ。」
コレアンダー氏は、壁にそって天井までぎっしり並んでいるたくさんの本を目で追った。それからパイプの柄でその方をさしながらことばをつづけた。
「ファンタージエンの入口はいくらでもあるんだよ、きみ。そういう魔法の本は、もっともっとある。それに気がつかない人が多いんだ。つまり、そういう本を手にして読む人しだいなんだ。」
「それじゃ、はてしない物語は、人によってちがうんですか？」

────M.ェンデ『はてしない物語』

ここでのアートとは

　このキッズ・ミート・アートを初めて開催するにあたって、次のようなことを筆者は考えていた。「子どものためのアート」とは何か？　これを問いなおすための芸術家によるワークショップ企画がキッズ・ミート・アートである。つまり、一般に言われるような「子どものため」というのと、一般での「アート」なるものを一度棚上げして、「子どものためのアート」とは何かを問いなおす。これくらいで子どもが満足するだろうというリミットを一旦取り除けて、どこまで、何なら、より「子どものためのアート」となりうるのかを考えてみる契機を作るというのが、このキッズ・ミート・アートである。
　筆者は当初、このキッズ・ミート・アートの対象となる子どもの年齢を幼稚園児から小学校3年生くらいまでと考えていた。この年齢は、自分で好きなイベントなどに出かけていける年齢ではなく、保護者と一緒にやってくる年齢である。できれば、保護者と一緒に保育や教育の場やTVなどのメディアで出会うのとは異なる、少し違和感のあるアートに子どもが出会うことを想定していた。
　なぜ子どもになじみのあるアートではなく、プロのアーティストによる少し違和感のあるものを子どもに提示するのか。子どもとアートが出会う場でのアートの役割としては、不適切なのではないか。確かにこのような疑問は想定されよう。何物とも定かではないアートなるものに、子どもが出会う勇気をもつか、また子どもを出会わせる勇気を保護者が

もつかと言われれば大多数は否であろう。子どもにとっては、保育や教育の場で提示されるような、主旨が明確で、素材や対象、制作過程から確実な実感をもつことができるものが適切なのではないだろうか。少なくとも今の幼児教育・保育の常識ではそのようになっている。

　筆者ももちろん、一般的な幼児教育・保育におけるアートの役割に全面的な否を唱えるつもりはない。しかし、このようなアートの位置づけは、アートと子どもの可能性をあまりにも低く見積もっているのではないかという疑念を、筆者はこれまで抱え持ってきていた。このような疑念は、参加してくれているスタッフ、アーティストにとっても共有されるものであったために、子どもにとって少し違和感があるであろうアートと子どもの出会う場は企画された。なぜ子どもと、これまで現代美術・抽象画を製作してきた画家が出会うのか。また武術家がなぜこのアートの場に来るのか。なぜ仏教僧侶の声明がアートの素材になりうるのか。数々の疑問符がきっと参加者の頭の中には浮かぶに違いない。またアートと子どもは出会えず、すれ違いに終わるのではないか。筆者や他の関係者にとっても疑問が準備段階で浮かんではいたが、筆者はそのようなすれ違いにこそ、逆説的に子どもとアートが出会い、子どもとアートの可能性がさらに引き出される場がたち現れるのではないかと考えていた。

　さて、キッズ・ミート・アートでのアートとは、子どもの発達段階に見合った制作・表現活動にとどまらず、広義の現代芸術、諸技芸をも含む概念である。保育現場でのアートおよび保育者を養成する養成校でのアートとは、一般に造形、絵画、音楽、劇などの芸術制作・表現活動を指す。ただし、そこではアートという総称を用いることは稀である。というのは、保育の世界では、「アート」という言葉には、独特のニュアンスがあるように思われるからだ。

　芸術制作・表現活動のジャンル名に代えて、わざわざ「アート」という言葉を用いる際は、イタリア・レッジョ・エミリア市でのものに代表されるような舶来の目新しい諸実践・哲学などを指すことが多い。もしくは、保育での一般的な諸実践にあえて違和感を持ち込み、変革をもたらそうとする試みに対して用いる。ただし、レッジョ・エミリアについては、本稿はそれを論じるための場ではない[*1]。

　国内のアートで保育を変革しようとする先行事例をいくつか挙げると、近年のものだと、やはりレッジョ・エミリアの影響を受けた磯部錦司と福田泰雅の『保育のなかのアート』[*2]や、幼稚園の園長を務める今川公平『アート・こども・いのち　保育としての造形』[*3]などがある。これらのアート概念は優れた実践に裏打ちされ、磯部が言うように保育実践におけるアートを突き詰め、アートから再度それを包含する保育観や子ども観を捉え返すようなものである。磯部は「アート」を「子どもの世界においては、生活するなかで物と関わることによって生まれる行為や、生活に起こる創造的な営みそのもの」として捉え、生活の場としての保育現場での「デキゴト」である「アート」を抽出している[*4]。具体的には一般的には造形表現と解されるような活動が同著で紹介されているが、磯部はそのようなものだ

けがアートなのではなく、保育活動全般に「アート」は遍在しているのだということを言いたいのである。

さて、キッズ・ミート・アートで子どもが出合うアートは、これまでの先行研究でも取り上げられている方向性である「保育の内のアート」とは性質を異にする。つまり、「保育の外のアート」である。翻って考えてみると、アートとはラテン語ではars、英語・フランス語ではart、ドイツ語ではKunstであり、それらは日本語で芸術、技術や技芸と訳された。それらは元来、子どもとは関わりのない概念である。今日でも、アートは日常語として用いられる。だが、やはり収まりの悪い言葉である。一般にアートを見に行くとは言わない。アートではなく、絵を見に行くとか、コンサートに行くとか具体的な芸術のジャンルを述べる。特にアートと呼ぶのは、いくつかのジャンルがひとつのパッケージに収められている場合か、古典的な絵画や音楽などのジャンルに収まらない場合である。後者は、意味が不定なものや収まりの悪いものの場合である[*5]。

このようなジャンルに収まらないものは、やはり一般的には子どもたちからは遠ざけられているだろう。先の「保育の内のアート」とは、そういうジャンルに収まらないものではなく、一見しただけできちんとジャンルがくみ取れるものである。今日は絵を描くとか、歌を歌うとか、活動はシンプルに明示される。もし複合的であるとしても、その都度、何が行われているかについては混乱を起こさないようにきちんと説明がなされる。そして、その提示は計画的であり、順序立てられている。様々な発達段階にある子どもに対して、できるだけスムーズに、違和感のない形で保育現場に導入される。もちろん、キッズ・ミート・アートはそのような保育活動の価値を貶めるものではない。丁寧な導入によって子どもたちは制作が生み出す世界に入り、一種の「超越」に触れる。そこに入ってしまえば、子どもたちは段取りや時間を忘れ、また大人の存在も忘れ、その行為と一体化してしまう。哲学的には、京都学派の思想家・木村素衞が「一打の鑿」として論じたような手と目が、そして制作者と対象(作品)が一体化するような世界に入る[*6]。

保育の範囲を越えてしまうが、経済協力開発機構(OECD)は先進諸国の初等・中等教育以降の芸術教育arts educationの状況が、「イノベーションのためのスキル」と定義付けている3つのスキル、すなわち技術的スキル、思考・創造のスキル、そして社会的・行動的スキルに対して、積極的な影響を与えるかどうかを調査し、報告をまとめている[*7]。今日、やはり同じくOECDが提言しているように、認知スキル同様に社会情動スキルを育てる幼児期からの実践が重要視されている[*8]。このような文脈からもアートは新しい社会、つまり「革新型社会を拓く学びの技」とされている。そして、OECDの小括では次のようにまとめられている。

「芸術を日常的に楽しむ精神によって、技術やテクニックの習得だけではなく、緻密な観察、想像、探究、粘り強さ、表現、協同、振り返りなどのスキル、さらに思考と創造のスキル、そして芸術において発達する社会的・行動的スキルをも含めて考えることができる。」[*9]

このように、芸術教育は、技術やテクニックのみならず、子どもの他のスキルにも大い

に関わると結論づけられている。この論は先進諸国において行われた大規模な調査を比較分析したメタ分析によって裏付けられている。だが、この報告はそれにとどまらない。つまり、何か他の社会的に有用とされるスキルのための芸術教育ではなく、この報告書のタイトルの原題が"Art for Art's Sake ?"であり、最後に？が付けられて「アートのためのアート？」と問われているように、副次的な影響ではなく、アートそのものを志向するような芸術教育の重要性も問いなおされている。それに対しては、「生徒が一つの芸術分野に習熟すれば、それは自分の人生における仕事や情熱を発見したことを意味するだろう」[*10]と肯定的な答えが出されているのである。

　このようにOECDの報告書において、アートそのものを志向するような芸術教育の意義が保証されている。もちろん、子どもの他の有用な諸スキルにとってのアートの意義を十分に確保した上ではあるが、アートは社会的な有用さを越えて、子ども自身の人生の充実に関わることが論じられている。冒頭で述べたように、アートという言葉が保育や教育の領域でもつ違和感は、おそらく今後、このOECDの報告書などの影響によって消されていくだろう。この方向性は、すでに見たレッジョ・エミリアや日本での実践やその思想とも重なるものである。以下では、この方向性を「保育の内のアート」として、幼児期から学童期までを含めてキッズ・ミート・アートが追い求めていきたいアート（つまり「保育の外のアート」）と対比しながら論じていきたい。

「保育の内のアート」と「保育の外のアート」

　さて、「保育の内のアート」と「保育の外のアート」とはどう違うのか。そして、外にあるものがどのように内と関わるのか。このようなことがここでの問題となる。大上段から論じると、保育や教育において、アートのみならず様々な素材が子どもに与える力は、生命・生活（Life（英語）／Leben（ドイツ語））の力となるだろう。それは現在まで、日本の文部科学行政で言われるところの「生きる力」でもあり、歴史的には近代民衆教育の父ペスタロッチや、幼稚園の父フレーベル、そして日本の幼児教育の先駆け倉橋惣三も、この生命・生活の力こそ、アートのみならず教育において、子どもに養われるものであると述べている。あらゆる能力が細分化され、「○○力」、「○○スキル」といった能力の定式化に拍車がかかっている今日であるが、大本を辿れば、人間の生命、生きる力と呼ばれるものをどのように刺激し、具体の場面で高めるかが教育の内実であろう。

　このような力は哲学においても古くから概念化されてきた。アートとの関連で言えば、美学の近代的な枠組みの確立者であるドイツの哲学者I.カントは、感覚認識である真と道徳的な行為である善の間に、美の領域を定めた。美は、対象の感覚認識ではなく、また他者に対する行為の義務を定めるものではない。人間が対象から得た感覚認識を元に構想力（想像力）を用いて、自分の中に快として生み出されるものが美と呼ばれる。また、この美は、道徳的な善のように行為を強制するものではないが、それは共通感覚として人々の間で共

有されるものだともカントによって論じられる。

　この美は、「生命 Leben を促進する感情を直接に伴い、従ってまた刺激や遊んでいる構想力と一致しうる」[*11] と言われるように、生命の高揚と結びついたものである。カント自身は、いわゆる後世の「生の哲学」といったものに与するような哲学者ではなく、この生命といった概念を振りかざすことは少ない。この美学論『判断力批判』は、この生命という概念が見られる数少ないカント批判哲学の著作である。そして、私自身はこのカントの生命を絡めた美学論は、後世のフレーベルが打ち出したような教育理論に大いに影響を与えていると考えている。

　さて、カントはこの生命の促進である美と同時に、生命の阻害についても論じている。

　「美に対して、崇高の感情は、間接的にしか生じえないような快である。生命の諸力が一旦瞬間的に阻止されはするものの、その直後には一層強力にあふれ出てくる感情によって産出される。それゆえ、このような快は動揺 Rührung であり、構想力の遊びではなく、構想力の厳粛な営みなのである。」[*12]

　カントはその美学において、美を定義しようとするのだが、その流れの中で美と崇高を対置した。あくまで崇高は美を説明する際の比較対象なのであるが、ここでは、この崇高に着目したい。それは美のような生命を促進するような快ではなく、一旦、生命が阻害されるような快なのだという。生命は一旦阻害されることで、より強くあふれ出てくる。その崇高とは、同じ個所で「嵐の中の怒涛逆巻く大海」といった「怖ろしい風景」をそう呼ぶのではなく、それを見ていても崇高と呼ばれるような感情を保つことができるような人間の心の働きが崇高と呼ばれている[*13]。

　カントの美学論について書くことは、その膨大な研究書を踏まえた上で論じるという作業であり、それはここでの課題ではない[*14]。では、このカントの崇高という概念を、「保育の外のアート」とつなげるならばどのようなことが言えるだろうか。それは、生命・生活といった人間にとって基盤になるものを一旦阻害することで生まれる力である。逆にカントの美は生命を促進するものであった。つまり、美は生命・生活の力となる「保育の内のアート」と重なるものである（と私は論じたい）。それに対して、カントの言う崇高は、生命を一旦阻害する。ただし、阻害されることでより一層生命はより大きく感情によって揺り動かされるのである。「保育の外のアート」、それはこの崇高という概念と結びついたものである。

　改めて実践の場において、この崇高は、子どもに適したものではないという批判もあるだろう。それは、生命を大いに揺さぶるものである。予め定められたプランや発達段階、または「大人／子ども」などの仕切りをも破壊するような、暴力性をもっている。すでに書いたように、キッズ・ミート・アートはいわばアートという、いずれかのジャンルからも収まりが悪いものを素材としていた。そこで引き起こされるこの崇高という感情は、予定調和的に引き起こされるものではない。そして、偶然や即興といったこれまた美学上の概念と結びつく。

　ここで少し回り道をする。アートということは、子どももしくは大人も含めて、必ずし

も自発的に実践されるものではないとキッズ・ミート・アートの企画者は考えている。従って、ファシリテーターが必要なのである。だが、アートと違って、遊びは、ファシリテーターがなくても自発的に創発されうる。

アートと遊びも違う。アートは、保育者や教員のファシリテートとプランによって行われる。だが、すでに述べたように、「保育の外のアート」は、ファシリテーターがいて、プランも立てながらも、予めのプランやファシリテーションから外れてしまうようなものである。ファシリテーターである大人の予期せぬものが、崇高という形で生まれ出てくることも企図している。ファシリテーターであるアーティストは、子どもたちとうまくアートの中で出会えるかと言われると、出会えない可能性がある。アートの中で「すれ違う」子どもと大人。だが、アートとは、通常のコミュニケーションからの離脱ではなかったか。日常生活のみならず、学力においても新たな要素として、「多様な人々との協働」（文部科学省の提唱する「学力の三要素」）が求められる今日、黙々と素材に浸ることが許されるのはこのようなアートの空間ではないか。そして、先に見た崇高という概念はコミュニケーションを拒むものである。他者なるものに出会った者は、その一頻りをぺちゃくちゃと話すことができない。美は共通感覚でもって予め伝わり、人々の話題にのぼるが、崇高は見てはいけないものであるかのように人口に膾炙せず、口は閉じられる。

その沈黙の中で、子どもは他者なる何かに「出会う」のかもしれない。ただし、キッズ・ミート・アートはその何かにも出会えるかどうかは保証しない。保証のあるものには賭けることができない。あくまで偶然であり、即興であるものにしか人は賭けることができない。そのため、キッズ・ミート・アートというイベントは、今そこにいる子どものためにあるものではないのかもしれない。今ではなくていつか、どこか別の場所でその子どもが何かに出会うための種まきであってもよい。

幼少期の子どもには、いわゆる「大人の味」がする食べ物がある。例えば、わさびやカニみそは、大人の興味本位で子どもに差し出される。そこには強いメッセージはない。そのおいしさは大人になった時にようやくわかるものなのである。いつかわかるかもしれない、魅力的だが、何だかわからない味わい。キッズ・ミート・アートをひとまずはこうなぞらえてみたい。

インファンス　言葉をもたぬ者

初めて、イベントを開催するにあたって、キッズ・ミート・アートのコンセプトを「インファンス infans」とした。インファンスとは、意味を成り立たせぬ言語やアートに潜む子ども性[15]として、私は考えている。そもそもキッズ・ミート・アートという言葉は、トートロジーなのである。言葉を十分にもたぬ子どもが、言葉に回収しづらいアートを通して何かと出会う。このインファンスとは、ラテン語で「子ども」を示すが、その原義は「in（否定の接頭辞）＋fans（言葉を話す）」である。すなわち、このインファンスは、「子ども」を意味し、

その子どもには「言葉をもたない者」という含意がある。

　一般的に子どもは、1歳頃より片言を発し、数年の内に自分の気持ちや周りの事象を語る言葉を身につけていく。しかし、子どもの内にはまだ「言葉にならない想い」が潜んでいる。幼稚園時代、周りの子どもがお遊戯を上手に踊っている時の、自分の身体とその動きがまったくつながらないというもどかしい想い。小学校の1〜2年次、先生の問い掛けに対して、それまでは「はい」と素直に答えてきたのに、ある時からもじもじと手をあげるのをとまどいやめてしまう、何とも言えない想い。「子ども」は infans という語が示すように、言葉をもたない者と「大人」からレッテルを貼られてきた。しかし、この言葉をもたない者は、その内に複雑な想いを抱え込んでいる。この想いを外部から与えられる明瞭な言葉に置き換え、打ち消すことがいわゆる「大人」になることだが、しかしこの想いは大人になっても消えるものではない。身体の奥にひっそり生き続ける。

　アートとはこのひっそりとした身体の内なる想いが、何らかの拍子に飛び出したものではないか。アーティストは形にならない内なるものを外なる素材に託す。自らの手で形をつくるが、その形はもう自らの手を離れている。素材という意のままにならないものと身体の奥にあるひっそりとした想いのコラボレーションによって、アートは形作られる。子ども時代の時間も同じではないだろうか。ディズニーのような楽しい時間だけではない。大部分の時間を子どもは言葉にならない想いと共に過ごしている。

　今でこそ「かわいい」といった粗雑な言葉で子どものことを私たち大人は語ってしまう。しかし、歴史家 Ph. アリエスが示したように、人類史の大部分においては、大人は子どもを「語れず」、「働けない」無用の存在と見なしていた。言葉をもたず、言葉にならず、そしてもやもやし、とまどい、ひっそりと身体の内に沈んでしまう「子ども＝インファンス」。アートは精神分析のようにこのインファンスを明るみに出すことを仕事にしているわけではない。ただアートはこのインファンスに寄り添う。このようなアートと「子ども＝インファンス」の場として、キッズ・ミート・アートは生まれている。

　このように書くと、実に不気味な実践をやっているように思われるかもしれない。生命を阻害し、出会えるかどうかわからないものに賭けるようなアート。まだ言葉をもたない者が言葉にならないアートで出会うかもしれないし、出会わないかもしれない。とてもあやふやで曖昧なことを考えている。だが、子どもも大人も日常的な生活から一旦離脱し、アートを通して、他なる世界を見る目を養うことは必要ではないか。キッズ・ミート・アートはそのイニシエーターであると考えている。子どもはイニシエーションによって、保育や教育実践という生命・生活の世界から一旦離脱し、他なる世界をちょっと垣間見、また日常の生命・生活の世界に戻ってくる。

　キッズ・ミート・アートは、生命・生活の世界と、非日常の世界の汽水域である。ここでは、安全な生命・生活の世界に足場を置きながらも、異界の崇高さ、不気味さを垣間見ることができる。ちょっと異界に触れた子どもは成長の途上のどこかでこの不気味な何かを欲するかもしれない。明るい生命・生活の世界だけで子どもの世界は成り立っていない。感

受性においても美があり、それに対して崇高があり、また生命・生活の世界（フロイトの言う「エロス」）があり、それに対して死の世界への欲動（タナトス）のようなものが子どもの世界にはある。

　教育人間学の矢野智司は教育を2つの次元に分けている。1つは「社会化」や「発達」といった子どもを社会という有用性の中に位置づけようとする次元である。本稿では、ここまで生命・生活の世界と呼んできたものである[*16]。それに対して、矢野はもうひとつの次元を次のように論じている。

　「社会化や発達として実現される人間の形成は、世界を目的―手段関係によって切り取るために、いまや対象となった世界との間に距離を生みだす。そのことは、世界を断片化させ、世界との十全の交流が妨げられることによって、生きる力を失わせる危険性がある。私たちが、世界と十全に交流し、生きる力を回復するためには、世界を断片化する労働という在り方を破壊する必要がある。これにはさまざまな技法があるのだが、有用なものを生み出させることなく、ただエネルギーを濫費する遊びの体験は、その典型的なものである。私たちは、遊びにおいて、自己と世界との境界が溶解し、世界との十全な交流に生きることができる。……この自己と世界との境界が溶解する体験によって引き起こされる変容を「生成」と名づけた。」[*17]

　矢野は、社会化や発達という次元においては、労働というモデルが子どもの世界にまで及んできており、世界を対象化し、子どもと世界の間に距離を生み出すと言う。労働における操作という行為によってのみ世界と関わり、子どもは次第にかつての「遊び」において関わっていた形での「世界との十全の交流」を見失っていく。ここで矢野が言う「生きる力」とは、本稿では生命・生活の世界の概念として位置づけているような、また文部科学省が言うような学校や日常生活の世界での「生きる力」ではなく、労働というモデルによって貫かれた学校や日常生活を遊びによってひび割れさせるものである。この遊びも労働と対置される余暇ではなく、自己と世界との間の距離をなくし、労働へと秩序づけられていたエネルギーを濫費させるようなものである。自己と世界は対象化によって生まれた距離・壁を失い、十全なる交流がそこに見いだされる。この変容を「生成」と矢野は呼ぶ。

　このような遊びは、乳幼児期においては、子どもの日常生活の中に見つけることができるものだろう。だが、幼児期から学童期に進むに従って、このような遊びは矢野の言う「社会化」や「発達」に取り込まれていく。従って、私はキッズ・ミート・アートというアートのイベントをこのような「生成」の体験への呼び水として位置づけようとしている。ただし、すでに述べているように、それはプランによって企図させるものではない。いつも起こるものでもない。また、本稿論者は矢野の言うように、「自己と世界との十全の交流」があるとも考えない。つまり、理想の生命の充溢状態が存在するかどうかは本稿では保留であるが、ひとつ言えるのは、アートはそれまで出会っていない他者との出会い、またはすれ違いを引き起こしてくれるということである[*18]。その他者は、子どもにとっては、アートという言葉にならないものであり、そして、大人にとっては他ならぬ言葉をもたない子ども

自身なのである。

　先の社会化や発達とは、言葉をもたぬインファンス・子どもが言葉を覚えていく過程である。子どもたちは言葉にならぬ自分自身および身の周りの世界を言葉に置き換え、具体的な一回性の出来事を共有可能で抽象的な事象に変換していく。未知であり闇なる外の世界はどんどん理知の光によって内なる操作可能な世界に置き換わっていく。すべてがスムーズにアクセスでき、光が行き届き可視化された世界で生きることができる喜びは発達の喜びである。また、今日はそのようなテクノロジーが加速度的に発展している時代でもある。心や脳といった人間の奥に置かれた光の届かなかった闇を啓蒙する最新の機器、例えばfMRIは、これまで不思議や謎と呼ばれてきたものに、理解しやすい答えをもたらしてくれる。さらにかつての「気になる子ども」といった言葉で曖昧に捉えられてきた子どもたちは、アメリカの診断マニュアルに沿って発達障害の診断名を与えられ、治療教育という新たな光が当てられ、科学の世界を発達していくことになった。もちろん、特別支援教育やその理念であるインクルーシブ教育について悪く言うつもりはないし、個々の子どもの人権は等しく尊重されるべきであることは言うまでもない。

　科学や教育の新しい流れを止めることはできないし、その恩恵を受けている人たちも多くいる。だが、子どもの成長にすべて光を当て、すべてを統計データと化すような風潮には異を唱えたい。認知スキル・非認知スキル、21世紀型コンピテンシーなどなど、すべてはわからないものを矮小し、わかる形でこれまでの体系性に包摂するものではないか。ツチノコは捕まえてみればただの蛇なのだろう。すべての不思議や謎は明かされるべきでなく、それはそれであえて明かしえない物語として共有する必要はあるのではないか。サンタクロースなどの資本主義に結びついたフィクションは許容されるのに、生をより豊かにするフィクションはすべてファクトとエビデンスによって解体された。神は死んだし、葬式も不要だ。心とは魂といったものの具体化ではなく、今や環境と行動の間に置かれたインターフェースであり、将来的にはAIに置き換えられるものであろう。科学・啓蒙と資本主義はすべてをそのメカニズムの内側に取り込んでいく。だが、私たちには外が必要なのではないか。内側を絶対的なものと信じないために。内側の歯車を動かすためだけに生を消耗しないために。安直な物言いかもしれないが、だからアートなのだ。だから言葉をもたぬ子どもなのだ。

　このインファンスがアートという言葉にならぬものに出会い、すれ違い、人生のどこかでそれと出会うかもしれないということ、また大人が自分の人生の中の言葉にならないものを抱え、それと子どもを見比べながら、大人とインファンスの二重の生を生きるということこそが、人生という「はてしない物語」を充溢したものではないかもしれないが、多少は豊かにしてくれる。この言葉にならないものに出会うことは、言葉に裏打ちされた生命・生活の世界をまた違ったものに変えてくれるのである。

　「絶対にファンタージエンにいけない人間もいる。」コレアンダー氏はいった。「いけるけ

れども、そのまま向こうにいきっきりになってしまう人間もいる。それから、ファンタージエンにいって、またもどってくるものもいくらかいるんだな、きみのようにね。そして、そういう人たちが、両方の世界を健やかにするんだ。」

——M.エンデ『はてしない物語』

註

*1 代表的なものとしてJ.ヘンドリック、石垣恵美子・玉置哲淳監訳『レッジョ・エミリア保育実践入門：保育者はいま、何を求められているか』北大路書房、2000や秋田喜代美「レッジョ・エミリアの教育学　幼児の100の言葉を育む」佐藤学・今井康雄編『子どもたちの想像力を育む　アート教育の思想と実践』東京大学出版会、2003を挙げておく。

*2 磯部錦司・福田泰雅『保育のなかのアート』小学館、2015。

*3 今川公平『アート・こども・いのち　保育としての造形』解放出版社、2013。また今川公平が園長を務める大阪府松原市の木の実幼稚園には2015年11月に2度、本叢書制作プロジェクトのメンバーで視察に訪れている。

*4 前掲書『保育のなかのアート』、24頁。

*5 近年では、例えば、草間彌生や村上隆、奈良美智といった現代アートのスターや、越後妻有や瀬戸内などでのアートイベントによって、現代アートは身近なものになったとも言われてきている。またそのような現代アートを教育の場に取り込んでいく試みもいくつも存在している。例えば、国立新美術館編『やってみよう、アート　国立新美術館ワークショップ記録集』(国立新美術館発行、2011)や小串里子『みんなのアートワークショップ　子どもの造形からアートへ』(武蔵野美術大学出版局、2011)、玉川信一・石﨑和宏編『アートでひらく未来の子どもの育ち』(明石書店、2014)、および松尾真由美編『キッズキャンバス：キッズキャンバス10年のあゆみ』(広島市立大学芸術学部発行、2016)にはそのような試みや考察が実際に行った事例と一緒に報告されている。

*6 門前斐紀『木村素衞「表現愛」の人間学——「表現」「形成」「作ること」の身体論』ミネルヴァ書房、2019に木村の身体的なポイエーシス論が詳しい。なお、門前には本叢書制作プロジェクトの研究会(2015年7月4日)で報告を行ってもらっている。また、本書所収の栗山誠の論考も、制作活動において素材と身体がつながる「フロー」状態という同じテーマを扱っている。

*7 E.Winner, T.R.Goldstein and S.Vincent-Lancrin, "Art for Art's Sake? -The Impact of Arts Education-", OECD Centre for Educational Research and Innovation, 2013, p.17(訳書：OECD教育研究革新センター編著、篠原康正 他訳『アートの教育学　革新型社会を拓く学びの技』明石書店、2016、21頁)。

*8 経済協力開発機構編、無藤隆・秋田喜代美監修、ベネッセ教育総合研究所編集『社会情動的スキル——学びに向かう力』明石書店、2018。

*9 前掲書『アートの教育学　革新型社会を拓く学びの技』、25頁。

*10 前掲書、26頁。

*11 Kant's Gesammelte Schriften Bd V.S.244.

*12 Kant's Gesammelte Schriften Bd V.S.245.

*13 ibid.

*14 私自身はカント思想における美学論については『判断力批判』の前半分を通して、一定の見通しのある見解を示しているが、本稿ではカント美学論の文脈から浮いた形で美や崇高、自然や人為といった概念を用いる。私自身のカントのテキストに即した見解については、弘田陽介『近代の擬態／擬態の近代　カントというテキスト・身体・人間』東京大学出版会、2007を参照のこと。

*15 この言葉や意味を逃れようとする「インファンス」概念の歴史的な含意については、J-F.リオタール、小林康夫 他訳『インファンス読解』未来社、1995や、G.アガンベン、上村忠男訳『幼児期と歴史—経験の破壊と歴史の起源』岩波書店、2007を参照した。

*16 本稿での「生命」と呼んでいるものと、矢野が『幼児理解の現象学』で、「生命論的展開」として論じようとしている「生命」では大きく捉え方が違うことを留意していただきたい。矢野は、本稿では「生命」に対置している「非日常の世界」に、「生命」をおいている。矢野智司『幼児理解の現象学　メディアが開く子どもの生命世界』萌文書房、2014参照。

*17 前掲書『幼児理解の現象学　メディアが開く子どもの生命世界』、261頁。

*18 このようなアートの形を今日的な実践の中であえて見出そうとするならば、「アール・ブリュット」や「アウトサイダー・アート」という言葉で評される障害者アートかもしれない。もちろん本書での子どもとアートの関わりと単純にそれらと比較することは、ここでは差し控える。ただし、本稿を書くにあたって、そのような障害者のアートとして参照したものは、たんぽぽの家編『ソーシャルアート：障害のある人とアートで社会を変える』学芸出版社、2016である。

参考文献

M.エンデ、上田真而子・佐藤真理子訳『はてしない物語』岩波書店、1982

column

お寺で出会う、
子どもと異人

秋田光彦

あきた・みつひこ

「子どもとアート」という催しであれば、学校だろうが、商店街だろうが、いまどきどこでやっていても不思議ではない。キッズ・ミート・アートの特異を挙げるとすれば、開催地がお寺であるがゆえ、本堂や境内、あるいは墓地などの宗教空間から促され、強く匂い立つものがあるからだ。それを、子どもがもともと孕む異人性といって差し支えない。

近代以前、子どもは異界を生きる存在であった。その自由奔放さ、闊達であり無為であり、またいたずらや戯れ、時に狼藉を働く子どもは、現実の俗世間を超えた「童」であり、人々はそこに神の憑依を感じとっていた。誰の子どもでもない、産神(うぶがみ)の霊力の元に置かれていたのである。

近代の家族制度のもと、子どもは親に養育され、権利の主体として保護されるようになった。また将来の有為な人材として教育され、国家社会に貢献することを要請されるに至る。つまり、合理的存在に「育つ」ことを引き換えに、異人としての子どもは消散していったのである。

キッズ・ミート・アートの子どもたちが、なぜおもしろいか。役所や学校が仕掛ける「子どもとアート」が、一定の体制に組み入れられる企みである反面、ここでは宗教空間がその異人たちの自由な蠢きを引き立たせるからに違いない。

墓場で鳩を飛ばす。本堂で声明を唸る。糸を紡ぎ、水粘土をねり、にじむ墨で山や川を描く。即興のピアノ演奏にのせて子どもたちが乱舞する。目的とか効果とかには一向に結びつかないが、その都度、何者かに呼応するように、子どもの身体に潜んだ直感が勢い立つのである。アートとは、表現された成果というより、そのように思いがけない受像器の中で新たに描き直されるものではないのか。

寺には仏がいる。死者がいる。彼岸があって、浄土がある。目には見えない壮大な物語に抱きしめられて、子どもは子どもの内なる異人に出会うのである。

column

疑いなき聴衆

山田千智

やまだ・ちさと

　子どもがアートに出会う。それは人生の記念すべき瞬間だ。私はこれまでに4回に亘りキッズ・ミート・アートに携わらせていただいた。1回目はランチタイムコンサート、2回目はレクチャーコンサート、3回目は乳児に向けたコンサート、4回目は詩集を題材に身体表現とのコラボレーション。小さな子どもたちは、興味をひいた物には近づき、触ったり匂いをかいだり、動かずにはいられない。毎回キラキラした瞳でピアノに向って突進してくる子どもたちの様子が印象に残っている。

　さて、クラシック音楽のコンサートでは通常、未就学児は入場不可である。しかしながら、多くの子どもたちは小学校に行く前からすでに音楽を楽しんでいる。今、子どもたちに向けたコンサートは世界中で開催されている。これまで自身が企画・出演した親子コンサートで実施したアンケートでは、子どもにクラシック音楽を聴かせたいが、コンサートに連れて出かけたことは初めてであると答えた保護者が一定数いた。

終演後、来場者と直接会話をした（全て母親）中で、「子どもが騒いだらどうしよう」という不安がない中でのコンサートは自分もリラックスして楽しめた、という言葉が多く聞かれた。

　では、子どもはどうだったのだろう。どんな"人生の記念すべき瞬間"を経験したのだろう。アートに出会う瞬間を"人生の記念すべき瞬間"と表したのは、私自身、断片的ではあるが記憶から離れない瞬間があるからである。滝廉太郎の自伝映画を鑑賞し、なんだか分からない重い気持ちで映画館を出たこと。大学生になってから死の数カ月前に作曲された「憾」という曲があることを知り、あの時の重さはこれか、と腑に落ちた。名前は忘れてしまったがあるピアニストのコンサートに行き、音色の美しさに放心したこと。曲名もおろかどんな曲を弾いていたかも覚えていないのに今でもその音色はうかぶ。あの頃の私は何の音楽的知識もその感動の根拠ももたない疑いなき聴衆であった。

　私事ではあるが、初めてキッズ・ミート・アートに出演した時は1人目を妊娠していた。4回目に出演した時は来場者の子どもたちの中に娘と息子が交じっていた。1回目は内容や演奏曲目を思案している最中、どうしても「大人なら……」とか「子どもだから……」という考えに囚われていたように思い出されるが、4回目は子どもの反応を想像はしたが、どんな時間になるだろうとドキドキワクワクしながら演奏した。

　このコラムを書いていて、ふと昔読んだ渡辺裕著『聴衆の誕生－ポスト・モダン時代の音楽文化』(中央公論新社、2012)という書籍を思い出した。18世紀から現代までの聴衆の変化を文化的・社会的背景から書き記した書籍だが、18世紀の聴衆が、音楽会を出会いの場とも捉えていたこと、最初から最後まで音楽を聴いていなかったことなどが書かれている。現在、コンサートホールで厳粛にも見える程、音楽に耳を傾ける聴衆とは様子が違っていたのである。また、それに伴い、プログラム構成が現代とはまるで違ったことも記されている。大人の世界で当たり前のことが当たり前ではない。子どもも参加するコンサートは、18世紀の音楽会に似ているところがあると感じている。

　キッズ・ミート・アートで、多種多様なアートを知り、世の中はこんなにもたくさんのアートで溢れているのだと感じた。将来、子どもたちが大人になった時、またその子どもたちの時代もきっと無数のアートが溢れているであろうと胸が高鳴った。

column

子どもたちに「武術」は伝わったか

石田泰史
いしだ・やすし

　キッズ・ミート・アートという企画に参加して、幼い子どもたちに「武術」のワークショップを実施したのは、もう5年も前のことになる。そのときにも事後の感想を書かせて頂いたのだが、今回改めて当時のことを振り返ってみて、自分自身がこの5年の間に得られたものを重ねながら、このワークショップの意義を再考してみようと思う。

　キッズ・ミート・アート以外にも子どもを対象にした講座の経験はあるのだが、ほんの数回という程度で、基本的には子どもだけを相手にした武術の指導などは普段全く行っていない。それ故そのような場においては、武術の何を伝えればよいのかということがまず大きなテーマとなる。

　大人相手の指導と違って、理屈で進めることが困難であるのは勿論なのだが、かと言って本質を伴わない形だけの動きを模倣させるような内容では、安易なお遊びのレベルに堕してしまい、私の本意とするところではなくなってしまう。そういう迷いの中でワークショップに臨んだ。結果としては、子どもたちが刀への大きな興味を持ってくれ、ワークショップをそれぞれなりに楽しんでくれた様子を確認できたことが全てであったと感じたのだが、今にして思うとそれこそが子どもたちに何かを伝えるということの本質であったように感じられる。

　キッズ・ミート・アート以降に行った子ども向けのワークショップなども経て私が得られたことは、子どもたちを前にして私がやるべきことは「教える」「伝える」ではなく「新たな世界（武術）の入り口を提示する」「はみ出し過ぎないようにほんの少しだけ調整する」の2つしかないということである。要は「場を提供し、ぼんやりとした外枠を描いてみせる」ということだ。あとは子どもたちが自由にその場を楽しめれば、そこからそれぞれの芽生えがあるのだと思う。

　この数年で「子ども」というキーワードに関してもうひとつ気付いたことがある。それは「精神とカラダ」についてのことだ。武術の中でも私が専らとしているのは

「型」の稽古である。相手のある柔術や体術はともかくとして、居合術や杖術などでは独演の型を繰り返し稽古することが大半で、相手を付けた実戦的または検証的な稽古はごくたまにしか行っていない。これは身体操作の本質を探る上で、型稽古の重要性を最も重んじているということが主な理由である。

「人の動きには性格が表れる」というのは、ジャンルを問わず型稽古に長く携わっている人の多くが感じていることであると思う。ある程度の経験を踏まえた上でのことだが、他人が行う居合の型の動きを見ていると、その人となりが読み取れることがよくある。具体的にどの動きがその人の内面の何を映しているのかということについて、一つひとつ明確に言語化することは困難を極める。しかし動きには当人の内面が反映されていることだけは間違いない。ところが（私の乏しい経験の範囲内に限っての話ではあるが）子どもにはこれがそのまま当てはまらないことも多いのだ。単に動きがのんびりしているとか、せかせかしているという表面的な部分くらいは誰が見ても分かることだが、それは性格と直結できるほどの要素ではないのだ。

内面が反映されるのは動きの「質」の部分であり、それは必ずしも目に見えるところにはない。あくまでも「感じる」という範疇でのことなので、主観によるところが大きいのだが、私の実感としては確かにあると言ってよいと思っている。

精神とカラダが密接に関連しているということは多くのジャンルで語られているかと思うが、大人の動きが内面をよく表すのは、一定の精神的な成熟があってこそのことであろうと私は考えている。これは私の想像でしかないのだが、子どもにおいては精神とカラダや身体感覚がいずれも未成熟であるだけでなく、更にその関係性の回路自体がはっきりと構築されていないが故に、大人と同じようには外から内を感じることが難しいのではないかと思えるのだ。「精神」と「身体感覚」がどのように関連付けられていくかということが、人間の成長に関して非常に重要なことなのではないだろうか。それが間違っていないとすれば、無闇に子どものカラダを窮屈な型に押し込み過ぎることは禁忌とされるべきであるし、安直に見える動きだけで内面を判断すべきではないということも忘れてはならない。性格と結び付けられるほど動きの個性が仕上がるのは、これまでの経験から、早くとも中学生以上になってからではないかと思っている。

こうして考えるほど、武術を通して子どもと向き合うことの難しさが改めて浮き彫りになってくる。ただ、もうひとつ確かなことは、そういう場が私を心から楽しませてくれるということだ。武術をきっかけに子どもたちと共有する場を、自己満足とは別のところで楽しめたときには、望外の喜びを得られる。子どもにとっても大人にとっても、武術を楽しめる環境を提供することが私の役割であり、その場を楽しむことが私自身の成長も促してくれる。これは教える立場にある者の役得であろう。

自分では子どもたちへの武術稽古の場を設ける勇気はないが、もしその機会を与えてもらえるのであれば、再び心して向き合いたいと思う。

サイト・スペシフィックな立体造形ワークショップの成果と課題
―― キッズ・ミート・アートの実践を通して ――

村上佑介

——大人へと成長するにつれて、視覚に頼りがちになり、触覚がおろそかになっていく。子どもの頃に楽しんだ、「触覚感」から遠ざかり、感覚が衰えていくのだ。つまり、粘土という素材を共通の素材として使用するということは、子どもにとっては、人生で最も発達している段階の感覚を使用した制作ができ、大人にとっては、衰えた感覚をとり戻す機会、言うなれば触覚回帰を促すものなのである。

村上佑介　むらかみ・ゆうすけ
彫刻家／大阪城南女子短期大学専任講師。愛媛県今治市出身の彫刻家。広島大学大学院教育学研究科修了後、中高の美術教員を経て、現在は大阪城南女子短期大学にて大学生や親子への立体造形の面白さを広める活動を行う。2016年 第46回 日彫展（東京都美術館／東京）日彫賞受賞。

II サイト・スペシフィックな立体造形ワークショップの成果と課題
──キッズ・ミート・アートの実践を通して──

村上佑介

むらかみ・ゆうすけ

1. はじめに

　ここでは2016年と2017年に筆者が実施した立体造形ワークショップの結果を基に、サイト・スペシフィックなワークショップの成果や課題について考察する。サイト・スペシフィックとは「美術作品が特定の場所に帰属する性質を示す用語」[*1]であり、インスタレーションやパブリック・アートといった空間に設置される作品と密接に関わる概念である。筆者はこれまでに、アート・プロジェクトなどで、場をも作品の一部とするような立体作品を「サイト・スペシフィック彫刻」と定義し、その特質や課題について考察してきた。そして、サイト・スペフィック彫刻が「時と共に変化し続ける場に『モノ』として密接に関わることができる新しい表現」であることを明らかにした[*2]。また、そのような作品考察を行う中で、アーティストだけでなく、もっと多くの人に場と作品が繋がることの魅力を体感してもらいたいと思考するようになった。

　芸術の魅力をより多くの人に伝える方法として、ワークショップという手法がしばしば用いられる。ワークショップとは「講義など一方的な知識伝達のスタイルではなく、参加者が自ら参加・体験して共同で何かを学び合ったり作り出したりする学びと創造のスタイル」[*3]をとった講座であり、日本では1990年代から主に美術館などで教育普及活動の一手段として用いられるようになった。ワークショップは、知識や技術等が一方的に教授されるのではなく、双方向的なコミュニケーションを交え、作品を作り上げていくという活動であるため、参加者が能動的に学ぶことができるという利点がある。そのような理由から、日本各地のアート・プロジェクトでも、ワークショップを取り入れた企画が実施されている。しかし、それらのプロジェクトが行われている場所は、過疎化や少子化などの問題を抱えた地域や、集客を目的とした観光地など、一般的な生活圏内からは外れている場合が多く、特殊かつ限定的な環境を前提として行われるという点で、一部の専門家やアート・プロジェクトファン以外にとっては、必ずしも広く一般に開かれたイベントではない。その一方で、各地の美術館を中心とした公共施設などで行われるワークショップに関しては、特にその場所の持つ意味合いとは関係のない主旨で行われることが多い。また、日常、芸術に触れる機会の少ない人にとっては、未だ美術館という場所は、敷居の高い場所であり、

子どもを持つ世帯などが気軽に訪れにくい現状がある[*4]。

このような背景から、より日常生活に近い空間でサイト・スペシフィックの概念に基づいた立体造形ワークショップの実施を検討するに至ったのである。美術館外での特異的な場を使用したワークショップの先行研究については渡辺一洋の研究[*5]や、茂木一司らの研究[*6]などがあるが、ここでは場と作品の関係や、場に対する参加者の意識に特筆して論じていく。参加者の場や作品への意識に焦点化することで、生活圏で行われる場を活用したワークショップの可能性を見出すことができる。

2. キッズ・ミート・アート2016での実施状況と結果の考察

1) 実施内容の検討
(1) キッズ・ミート・アート2015の実施内容から見る素材の検討

使用素材を検討するにあたり、キッズ・ミート・アート2015において行った「さわる、ねじる、ちぎる感覚〜彫刻家と一緒に水粘土でオブジェをつくろう〜」と題したワークショップを振り返ってみる。このワークショップは、水粘土(彫塑用粘土)でオブジェの原型を作り、その型に石膏を流し込み、硬化させた後、型から取り出して石膏のオブジェを作るというものだった。子どもや大人たちが普段触れることのない素材を使用することを目的としていたため、場の意味を活かすことはなかったものの、定員以上の参加者が集まり、大盛況であった。成功の要因としては、主旨としても述べた、普段触れることのない素材の使用が挙げられる。参加者の多くは幼児や児童と、その保護者であったが、小学校までの学校現場で粘土と言えば、油粘土もしくは紙粘土が主流である。様々な素材がある中で、それら以外の粘土があまり使用されていないことは、今日の学校現場における立体造形教育の問題ともいえるが、その影響からか、普段とは違った体験を子どもたちにさせようという思考が保護者に働いたことは想像に難くない。また、大人も制作時の様子を見ると、普段扱わない水粘土の滑らかで冷たい肌触りや、練ったり、ちぎったりする大人にとっては久しぶりの感覚を、童心に戻って楽しんでいたようであった。

このことから、今回のワークショップでも「粘土」という素材を引き続き使用したいと考えた。幼児期の子どもたちにとって触覚は、非常に重要な認知手段であり、研ぎ澄まされた感覚である。彫刻家の佐藤忠良は「人間は生まれた瞬間から、触覚によって人生が始まります。生まれたばかりの赤ん坊は、目が見えないから、母親に触って、自然におっぱいを吸うようになる。これは完全な触覚の世界です」[*7]と、人は触ることから人生が始まっていると述べている。しかし、大人へと成長するにつれて、視覚に頼りがちになり、触覚がおろそかになっていく。子どもの頃に楽しんだ、「触覚感」[*8]から遠ざかり、感覚が衰えていくのだ。つまり、粘土という素材を共通の素材として使用するということは、子どもにとっては、人生で最も発達している段階の感覚を使用した制作ができ、大人にとっては、衰えた感覚をとり戻す機会、言うなれば触覚回帰を促すものなのである。

(2) 場へのアプローチ方法

　素材と同様に、場へのアプローチの仕方も本実践のキーとなってくるものである。各地のアート・プロジェクトでの、場を利用したワークショップを概観すると、例えば、2000年からトリエンナーレ形式で行われている「大地の芸術祭　越後妻有アートトリエンナーレ」では、鞍掛純一＋日本大学芸術学部彫刻コース有志による《大地のおくりもの》(2015)という作品で、参加者たちに旧小学校の壁面を彫ってもらうというワークショップを試みていた。《大地のおくりもの》は2014年に廃校となった、旧奴奈川小学校校舎の入り口付近の壁面に、山林の風景をモチーフとした巨大な壁面彫刻を制作するというものであったが、制作過程で住民や来館者にも参加してもらうという方法をとっていた。建物の壁面に木の板を貼り、直接彫刻を施すという方法は場に備わっている要素を利用したサイト・スペシフィックな試みであった。また2010年より開催されている「瀬戸内国際芸術祭」では、オニノコ・プロダクションが《オニノコ瓦プロジェクト》(2013)と題し、香川県内の中学生3000名と共に、香川県の伝統工芸品のひとつである鬼瓦を制作し、鬼ヶ島伝説の由来を持つ女木島にある鬼ヶ島洞窟とその周辺に展示するというワークショップを行っていた。越後妻有のワークショップとは場へのアプローチこそ異なるものの、その地域の伝統的な芸術の手法を取り入れることや、出来上がった作品を鬼という共通するキーワードで繋がる場に展示することで、その場で行われる意味や価値を生み出していた。

　土屋誠一はサイト・スペシフィックな作品について「作品を設置することで場を読み替え、特殊な場を生成すること」「場の特殊性を所与の条件とし、それに沿うように作品を生成させること」[9]と、アプローチの仕方に「2つの方向性」があると指摘しているが、これらのワークショップを作品であると捉えた際、場との関わり方に関しては後者、つまり「場の特殊性を所与の条件とし……」といった方向性の強いアプローチだと言える。また、筆者が先行研究で指摘した「意味的要素」[10]という、その場が保持している記憶や機能が持つ、意味合いやイメージに関する感覚的な要素や、「空間的要素」[11]というその場の広さや、備えつけられたもの、周辺の環境や、光量などの物理的な条件という2つの要素を意識していると考えられる。

　上述の実践例やアプローチ方法を踏まえて会場を見ていくと、やはり幼稚園とお寺という場の機能を活かしたいと考えた。そして、そこに備わっている要素を考慮した際、人々が様々な思いを抱えて、祈りに来る場であると同時に、子どもたちが日々学習する場でもある、ということが印象強かった。また「空間的要素」として、入り口付近に置かれていたお地蔵様が目に留まった。お地蔵様＝「地蔵菩薩」とはもともと、大地が全ての命を育む力を蔵するように、苦悩する人々を大きな慈悲の心で包み込み、救いの手を差し伸べることから名付けられたとされ、日本における民間信仰では道祖神としての性格を持つと共に、「子どもの守り本尊」として信じられている[12]。つまり幼稚園、そしてお寺の入り口に置かれたお地蔵様は、子どもたちの成長を見守り、来訪者の心を優しく包んでくれるような存在なのである。

(3) 実施内容の決定

　筆者は上記のような条件から、「心の中のおじぞうさま〜粘土を使ってお地蔵様を作ろう〜」というワークショップを企画した。具体的な内容としては、参加者一人ひとりの心の中にある、自分を支えてくれているものや、守ってくれているものをお地蔵様に見立て、それを粘土によって具現化していくといったものである。また、出来上がった作品をお寺や幼稚園の敷地内に実際に設置し、気持ちを込めながら、お念仏を唱えることも行う。もともとは見えないものを、自らの手で可視化するという体験は、参加者の自由な想像力を掻き立てるだろうし、自身の大切なものをモチーフとすることは、今現在の自分の心を見つめ直すことにもなる。そして、自分で作り上げたお地蔵様を実際に設置することで、お地蔵様としてあるべき姿を参加者の方々に体感してもらうと共に、大切なものに想いを馳せる時間をとってもらおうという試みである。単に作品を作って終わりということではなく、サイト・スペシフィックワークとして、最終的にはお寺という場と、作品が一体となることをねらいとした。素材に関しては、本来であれば実際のお地蔵様に使用されている石材などを用いるべきなのだろうが、このプログラムでは触覚回帰として、粘土の使用を前提としていた上、幼児も対象としているため、石の加工は難しい。そこで、最終的に屋外で設置することを考え、陶土と樹脂を混ぜた、空気乾燥で硬化し石の風合いが出る粘土を使用することにした。

2) 実施状況と結果の考察

　キッズ・ミート・アート2016では2016年8月27日（土）、28日（日）の2日間にわたって、クラシックコンサートや創作ワークショップ、身体を使ったワークなど4つのプログラムが開催され、約240名の参加者で賑わった。筆者のワークショップはパドマ幼稚園講堂にて2日目の10:30〜12:00の90分間で行い、参加者は26名（内訳：大人12名、子ども14名）であった。家族での参加が殆どで、中には昨年のワークショップに続いて2回目の参加者もいた。またワークショップ終了後、実施内容に関する任意のアンケート調査を行った。

(1) 導入

　ワークショップ開始時、まずは題材の説明を行った。その際、完成作品がない状態では、イメージが掴みづらいので、予め用意しておいた参考作品を提示した。今回は、各々に違ったお地蔵様を制作してもらうという主旨があったので、従来のお地蔵様の型にはめてしまうことを避けるため、あえてお地蔵様には見えないようなものも提示した。また、素材や用具に関する注意も同時に行った。最も注意すべきこととして説明したのは、必要のない粘土は袋に入れておくということである。今回使用した粘土には樹脂が含まれており、乾燥速度が非常に早いため、空気に触れた状態で置いておくとすぐ乾燥してしまう。乾燥すると伸びが悪く、ひび割れの原因ともなるので、特に強調して説明した。その他、粘土の中にスタイロフォームという芯材を使用するので、芯材には少しずつ粘土をつけていくこと、そして、顔と胴体の部分を分けて最終的には爪楊枝を使って接合するので、怪我をし

ないことなどを併せて説明した。その後、お地蔵様について、大蓮寺の秋田光軌副住職が説明を行った。この流れは、秋田と相談してのことだったが、筆者が説明するよりも、副住職である彼の言葉の方が、お地蔵様という題材や、お寺の場所性を考慮した際、より一層参加者の心に響くと判断したためである。秋田から「地蔵菩薩は人々の苦難を身代わりに受ける守り神であり、地蔵盆が子どものお祭りであるように、特に子どもたちを見守る守護神とされています」と説明があると、皆興味深そうに話に聞き入っていた。

(2) 制作

　内容の説明が終わり、制作が始まった。参加者はまず芯材であるブロックを手に取り、どのようなお地蔵様にするか思案していた。お地蔵様のイメージが固まると、早速思い思いに芯材に粘土をつけていった。頭部用、胴体用で形の異なるブロックを、大小各1個ずつ芯材として用意していたが、ほとんどの参加者が大きいブロックを手に取っていた。粘土の粘着性が高く、子どもたちは少し扱いづらそうであったが、保護者の手を借りることで、制作を進めていっていた。保護者たちは、子どもたちの作品に注意を払いながらも、久しぶりの粘土の感触を味わいながら、楽しそうに制作を進めていた(図1)。

図1　制作の様子

　この制作の過程で最も驚いたのは、子どもの独創性である。筆者は準備段階で、人型のお地蔵様を想像していた。しかし、数名の子どもたちの手元を見てみると、何人かは胴体用のブロック(大)を横にし、その先に頭部用のブロック(大)を付け、動物のフォルムを作っていた(図2)。また、他にも芯材を一塊に組み合わせて、電車や、ハートの形の作品を作る子どもたちも見られた(図3)。従来のお地蔵様の枠にはまらないようなものを作って欲しいと思考していたが、芯材をそのように使うとは予想していなかったため、その発想力に感嘆した。人型のお地蔵様の発想も面白く、お地蔵様とは結びつきそうもない鬼をモチーフとした巨大な「鬼地蔵」や、猫を飼っている「猫飼い地蔵」など、ユーモアあふれる作品が仕上がっていた。

　このような様々な発想が出たのは、用意した芯材が「積み木」のような役割を果たしたことが、ひとつの要因であると考えられる。つまり、芯材を扱う段階で子どもたちは「見立て」を行ったのではないだろうか。見立てとは「あらゆるものを通常のものとは異なった他のものに置き換え、新しく可能な意味を持たせること」[13]であるが、積み木やブロックなどを使った見立て遊びは、幼児期から学童期の年齢の子どもたちにしばしば見られる行動である。本実践では制作を開始した段階で大小の芯材を触り、それらを積み木のように組み合わせて、動物や乗物に見立てていったと推察される。子どもたちが、日常的に行っている積み木やブロック遊びと、本実践での芯材を扱う行為が偶然にもリンクし、多様な形

体を発想するに至ったのである。元々は、軽量化と形状維持を目的としていたため、そのような効果を想定していなかったが、結果として子どもたちの発想を広げる役割を担ったと言える。

図2　動物のお地蔵様

図3　ハートのお地蔵様

(3) 鑑賞と展示

　出来上がった作品を目の前に置き、秋田を中心に制作の感想や作品に込めた思いなどについて対話する時間を設けた(図4)。秋田の制作意図に関する問いかけに対し、最初は恥ずかしさもあってか、なかなか自らの思いを言葉にできない子どもたちも多かった。しかし、他の参加者の話に耳を傾けることで、徐々に話すことに抵抗がなくなっていったのか、最終的にはほとんどの参加者が自分の思いをしっかり口にすることができていた。モチーフにした好きな動物や、乗り物の話や、自分たちが頑張った所を口にする子どもたちの姿は、どこか誇らしげで、自信に満ちていた。制作時は、創作意欲が溢れる中、夢中で作っているため、自身の思いなどを顧みる時間はない。このように、出来上がった作品と対峙し、ゆっくりと振り返ることができる鑑賞の時間は自分自身の気持ちと対話するという点でも必要である。

　鑑賞と対話の時間が終わった後、それぞれが屋外の好きな場所に完成作品を展示していった。幼稚園やお寺の敷地を案内し、好きな場所に展示して構わないという説明を行ったが、ほとんどの参加者は幼稚園園庭にある小さなお地蔵様、もしくはお寺の入り口の六地蔵様の周辺に作品を置いていた。子どもたちからは「一緒が良い」とお地蔵様の周辺への設置を希望する声が聞かれたが、これは、同じお地蔵様の近くに展示しないと、作品がかわいそうという心理、所謂「アニミズム」の思考が働いたためではないだろうか。アニミズムとは「自分自身がかかわっているもの、あるいは影響するものが生きているとする」[14]思考である。子どもが自然を描写する際、しばしば太陽や樹木などの自然物に目や口を描くことがあるが、それはアニミズムの思考に基づいて生まれる表現である。今回の制作においても、ハート形の造形物に、目と口をつけた子どもがいたが、それも同様である。日本人はこのアニミズム的な感覚が強いと指摘されているが[15]、幼児から小学校低学年の子どもたちには、特に顕著にみられる。また、子どもたちがアニミズムを表現する時は、その対象と生き生きと関わっている表れなので、自分たちが作った作品に愛着を持っていることが

窺えた。

　展示された作品たちは、既存のお地蔵様と同化するような姿であった。全ての作品を展示した後、作品とお地蔵様の前で手を合わせ、「なむあみだぶつ」と全員でお念仏を唱えた(図5)。参加者たちは、少しの間目を瞑り、いつも自分たちを見守ってくれているお地蔵様や心の中の大切なものに感謝の気持ちを伝えた。今回のワークショップでは、この作品を外に設置するというプロセスがサイト・スペシフィックな試みとして重要な位置を占めていた。制作した作品を大事そうに展示し、手を合わせる参加者たちの姿を見ると、こちらが意図した、この場で行う意味が十分に伝わっているという印象を受けた。参加者たちの受けた印象に関しては、次節で詳しく触れていく。

図4　対話の様子

図5　作品の前でお念仏を唱える

(4) アンケート結果に基づいた考察

　今回、ワークショップ参加者に対して、以下のような質問項目を記入したアンケートを行った。

〈質問項目〉

　設問1：性別を教えてください。

　設問2：年齢を教えてください。

　設問3：本日はどなたと来られましたか。

　設問4：これまでに「キッズ・ミート・アート」に参加されたことはありますか。

　設問5：完成作品をご自身で選択した場所に展示してみてどのような印象を受けましたか。

　設問6：今回のワークショップに対する自由な感想をお書きください。

以上の6項目であるが、1〜4の項目は属性設問の項目であり選択式に、主の設問である5、6は記述式とした。アンケートは大人12名を対象に行い10名の回答を得られた。

　まず、自身の完成作品を場に展示した感想を問う設問5については、作品と場との繋がりを感じている参加者が多かった。例えば「自由な発想のもと制作させていただきましたが、園内のお地蔵様と作品がなかなか調和していて良かったです。」(40代：女性)や「子どもの大胆(ダイナミック)な作品が、お地蔵様のある風景になじんでいることに驚きました。」(40代：女性)、「可愛いお地蔵様の下において絵になる感じで、一体になれて良かったです。」(40代：女性)などの回答にある「調和」や「なじんでいる」、「一体」という言葉からは、周辺

の風景と作品との間に、違和感が生じず、作品が空間に同調していることが分かる(図6)。筆者は自身の先行研究においてサイト・スペシフィック彫刻には場へ「同化」もしくは「介入」する特質があることを述べた[*16]。「同化」とは、ある特定の場との間に違和感のない関係性を成立させるために、場の歴史的背景と関連した主題やモチーフが選択された場合に起こるもので、「介入」とは、色や形によっ

図6　展示された作品

て逆にその場に違和感をもたらすようなアプローチの方向性である。今回の場合、素材やお地蔵様という題材が、場への「同化」をもたらすものであったと考えられる。

　さらに、いくつかの回答からは、お寺の意味的要素、空間的要素が、作品の新たな魅力を生み出し、参加者の心に変化を与えていることが窺えた。「どっしりしている。土から生えたみたい。」(30代：男性)という印象は、地面に直接作品を設置することで、もたらされたものである。また、「お地蔵様の近くに展示させていただくことで、子どももより思いを深められたようなのでありがたかったです。」(30代：男性)や「実際に本物のお地蔵様の隣に置き、合掌し、心が清らかになった気がしました。」(30代：女性)といった回答からは、お地蔵様のある宗教的な空間で行われた一連の行為が、単に達成感を与えるだけでなく、作品への愛着や、自分自身の心に想いを馳せるきっかけにもなったことが読み取れる。

　次に、ワークショップの感想を問う設問6については、「心の中の支えになって下さっているものを具体化させて頂けたことで、子どもにとってもとても良い経験になりました。」(30代：男性)というような、プログラムの具体的な内容に関するものもあったが、「園の授業とは違い、自由な考えで取り組ませていただきました。」(40代：女性)や「家ではなかなか体験することができないので、親子で良い体験ができました。」(30代：女性)といったような、普段できない体験を行えたことに対する満足感を述べているものが殆どであった。キッズ・ミート・アート2015の実践でも感じたことだが、筆者を含め、普段芸術に携わる人間が思っている以上に、学校教育以後の日常生活での芸術の占める割合は少なくなっている。高校生以来、場合によっては中学生以来、絵具や粘土に触れる機会がなかった人も多いはずである。また、学校教育においても、学習指導要領や幼稚園教育要領に基づいて、年齢や成長に応じた、"ふさわしい"題材が設定されているため、規準に沿わない新しい素材や、奇抜な題材を体験する機会は少ないと言える。今回、大人たちには触覚回帰を、子どもたちには最も研ぎ澄まされた感覚を使用する機会として、樹脂性の粘土という素材を選定したが、部屋や手の汚れを気にせず、力いっぱい粘土を触ることは、大人たちには懐かしく、子どもたちには新鮮な体験となったはずである。

　また、感想の中で最も多かったものが「家族で体験できたことが良かった。」といった主旨のものであった。今回のプログラムは、子どもから大人までを対象とすることで、より

幅広い年齢層に、アートに触れる機会を与えたいというねらいがあったが、家族が充実して終えることができたことから、そのねらいを十分に達成できたと言えるだろう。また「楽しかったのでまた参加したいです。」(40代：男性)、「来年も楽しみにしています。」(30代：女性) という、リピートを望む回答もあった。地域の中で行うアート・プロジェクトで最も大切なことは、プロジェクトを継続させることである。プロジェクトを継続し、それを地域の中で定着させることが、人々の意識を少しずつ変化させていくことに繋がる。多くのプロジェクトはビエンナーレやトリエンナーレの形態をとりながらも、費用や人員確保の問題により中止を余儀なくされる。このようなリピートを望む声が、運営側の原動力や地域におけるプロジェクトの周知、ひいては芸術文化の振興にも繋がっていくのである。

3. キッズ・ミート・アート2017での実施状況と結果の考察

1) 実施内容の検討

(1) 素材の検討

　2016年の事例(以下事例①と表記)では素材の選定の際、幼児期の子どもたちにとって、非常に重要な認知手段である「触覚」に着目した。その事例①の結果を踏まえた上で、本実践ではその場にある自然材の使用を検討した。次項で述べる場へのアプローチ方法との関わりも深いが、与えられた素材を使用するのではなく、自らが選択した素材を使用することは、素材や、それを使用した作品への愛着に繋がる。そして、そのような素材が採集できる場であると気づかせることは、従来の場に対する認識に変化を与える機会となるだろう。

　また、その場にある素材や、場と同一の素材を使用することは、より場との繋がりが強くなるという利点もある。各地で行われる、サイト・スペシフィックなアート・プロジェクトでは、素材によって場と繋がるという手法をとっている作品も少なからず見られる。「六甲ミーツアート」において、彫刻家の加藤泉は、植物園で間伐したメタセコイヤの木を使い、それを再び彫刻として植物園に設置していた。「瀬戸内国際芸術祭」では、クレイグ・ウォルシュ&ヒロミ・タンゴが、元々その場で使用されていた廃船を加工し、海に再び戻すことで、作品の一部としていた。筆者は2014年の先行研究において、サイト・スペシフィックな作品の素材については、場を構成する素材と同一素材を用いた方が、他素材の場合よりも、鑑賞者が作品と場の繋がりを見出しやすいとした。それは、筆者が同研究で指摘した「意味的要素」[17]という、その場が保持している記憶や機能が持つ、意味合いやイメージに関する感覚的な要素や、「空間的要素」[18]というその場の広さや、備えつけられたもの、周辺の環境や、光量などの物理的な条件に関する要素との関わりが、より顕著になったことが要因であった。上述の2作品においても、元来その場に備わっている素材を使用することで、この2つの要素との結びつきが、見て取れる作品となっていた。

　このように、その場の素材を使用することは、素材への愛着や、場への意識の変化だけでなく、作品と場の繋がりを明確にする重要な手段のひとつである。

以上を踏まえ、幼稚園及び寺院にある、砂、石、木、水など様々な自然素材を検討した結果、落ち葉や、枝を素材として使用することとした。キッズ・ミート・アートが行われる大蓮寺には、桜などの木々が植えられており、それらの木々から落葉が見られ、身近に自然を感じられる空間である。場との結びつきと同時に、草木の使用により、形、色、硬さ、匂いなどを通して、触覚を含めた参加者の様々な感覚を刺激することを期待した。

(2) 場へのアプローチ方法

　事例①では、「大地の芸術祭 越後妻有アートトリエンナーレ」などの、代表的なアート・プロジェクトにおけるサイト・スペシフィックなワークショップを参考に、「場の特殊性を所与の条件とし……」という後者の方向性の強いアプローチで臨んだ。モチーフとしてお地蔵様を選択し、素材に関しても、本物のお地蔵様に近い風合いが出るような樹脂粘土を使用したことや、その分量などもこちらが設定したことにより、出来上がった作品は、場と一体となるものや、調和するものなど、場と「同化」する存在となった。もちろん、これはねらいでもあったのだが、条件を限定したことにより、ある種、予定調和的に場との繋がりをこちらが誘導する結果となった。

　よって本実践では、企画者の意図によって、どちらか一方の方向性に強く偏らないようにすることを目指した。具体的な手段としては、プログラムの中で、参加者が試行錯誤できる部分を多く持たせることであった。サイト・スペシフィックなワークショップでは作品制作だけでなく、その前後のプロセス、例えば素材の採集や設置においても、参加者の意志を反映させることができる。そういった部分に考慮する余地を残しておくことで、例え、その場の素材を使用することにより、素材の部分では場の特殊性を踏まえたアプローチになったとしても、その他の点で参加者の特色が出るアプローチが生まれることを想定した。

(3) 実施内容の決定

　前項までの結果を基に「想像の木・創造の木」というワークショップを企画した。様々な形の枝や葉を組み合わせて、立ち木ではなくなってしまった木に、もう一度、作品としての「木」の命を宿す試みである。

　具体的な活動としては、素材となる木の枝や葉を自ら採集し、それらをホットボンドで組み合わせて、「木」を形作るというものである。ホットボンドは参加者にとってはあまり馴染のない道具であることが想定されたが、普段手にしないような未知なる道具との出会いも体験させたいと考えた。主素材には、会場内にある桜の木を剪定した際に落ちた枝を選択した。それに加え、他所からではあるが、楠やつつじなど、別の種類の枝を用意し、より大きさや形に幅を持たせた。

　また、最終的に出来上がった作品を、参加者が設置場所を選び、設置することで、素材が再び場に帰っていくことができるようにした。素材の採集、制作、設置という一連のプロセスを、できるだけ参加者が主体的に行えるようにすることで、より参加者の意志が反映されたプログラムになることをねらいとした。

2）実施状況

　キッズ・ミート・アート2017では、2017年8月26日(土)、27日(日)の2日間にわたって、15のプログラムが開催され、総勢305名の参加者が訪れた。筆者のワークショップは應典院研修室Bにて1日目の10：00〜12：00、13：00〜15：00の2回実施し、参加者は37名(内訳：大人25名、子ども12名)であった。また、事例①と同様に、プログラム終了後、参加者を対象としたアンケートを実施した。

(1) 制作

　まず参加者に、ワークショップの主旨を説明した。この場にあった桜の木の枝を主素材として使用することや、作品完成後、もう一度、その場に「木」として展示することなど、場との関わりをもったワークショップであることを話した。また、ホットボンドや鋸などの道具も使用するので、安全指導も行った。

　その後、素材の一部となる落ち葉を館外に取りに行くように指示した。参加者たちは、境内に落ちている様々な色や形の木の葉を採集した。子どもたちは、色や形の異なる木の葉を、楽しみながら採集し、大人たちは落葉している葉の数に驚いている様子だった。別々の種類の葉を10枚以上拾う参加者もいる一方で、なかなか使う葉を決められず、2、3枚で終えてしまう人もおり、この段階から、それぞれの個性が表れていた。

　採集後、部屋に戻り木の枝を、必要な分だけ選んでもらった(図7)。細く柔らかい枝を好む参加者もいれば、太く大きな枝ばかりを選んだり、長い枝を自らの必要な長さに切ったりする人など様々であった。枝を選択し終えた後、ホットボンドを使用してそれらを接着していった。子どもたちは初めて手にする道具に興味津々の様子であった。ホットボンドを使用しても、枝同士が上手く接着できず、苦労する子どもたちの姿が見られたが、保護者の手を借りながら、自身の理想の形に近づくように、一生懸命組み立てている様子であった(図8)。また、大人も子ども以上に制作に熱中している様子で、会場からは「シンプルだけど、思った以上に没頭できる。」という声があった。ひと通り、木の枝を組み合わせたあとで、採集した木の葉を付け、全体のバランスを整えていった。

図7　素材採集の様子

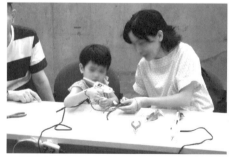
図8　組み立ての様子

(2) 展示・鑑賞

　完成した作品を、館外に持ち出し、思い思いの場所に設置してもらった。その際「制作し

た木が一番綺麗に見える場所、又は作品を置くことで魅力的に変化させたい場所を自分で選んで植えてください。」と声掛けをし、場と作品との関係を意識させるようにした。その結果、本殿を意識して設置する人や(図9)、苔や水を借景にしようとする人(図10)、作品が場に溶け込むように草木の中に設置する人(図11)など、それぞれが自身の作品に最も適した場を選択していった。また、設置された作品を撮影しながら、感想を述べる姿も見られた。

図9　本殿を意識した作品　　図10　水や苔を意識した作品　　図11　周辺の自然物を意識した作品

3) 結果の考察

　事例①で行ったものとほぼ同じ項目で調査を行ったが、「この場にある木を素材の一部とすることに、どのような印象を受けましたか。」という記述式の設問を追加し、全7項目とした。アンケートは15組(単独参加の2名を含む)を対象に行い、15名(男性：4名、女性11名)の回答が得られた。なお、以下では属性設問には触れず、記述式で行った「設問5」以降について考察を行う。

　まず、この場にある素材を使用することの印象を問う設問5については、「作品を作る場所の木を作品の一部とすることで、作品とその制作の場が一体化し、新たな命が創造される印象を受けました。」(40代：女性)、「この場所で育った木なんだ、という歴史や物語を想像できました。」(30代：男性)、「その場にある物で、その場で作ることは、その場でしかできないものができる気がする。」(30代：男性)など、大半の参加者が、この場所にある素材で作品を作る面白さや、意味を感じ取っていた。また、「実際に葉を取りに行って作ったのは初めてだったので、子どもと楽しくできました。」(30代：女性)や「この場にあった木に、その場でとった葉を付けることができたことで、意味を感じられた。」(30代：女性)とあるように、自ら素材を採集するという行為が、作品制作に対する意欲を高め、この場所で制作する意味合いをより一層強めていた。

　次に、場に展示したことの印象を問う設問6の回答からは「その場と非常に一体化し、その場の一風景となり、あたかも場にあったかのような印象でした。」(40代：男性)、「自然と周りの木や草が、作品を引き立ててくれているという面白さがありました。」(30代：女性)、「作品がその場所で生きているような自然との一体感を感じました」(30代：女性)など、作品と場の相互作用を感じ取っていたことが読み取れる。事例①における同様の設問でも、

「一体」、「調和」といった感想が見られたが、本実践では、場に備わっている空間的要素の中に、作品にも使用された枝や落ち葉といった自然素材が含まれていたため、作品と場の両方を目にした際、作品を場に対して異質なものとして捉える参加者が少なかったのである。その結果、事例①以上に、作品と場が結びついて見えたと言える。

設問7の自由記述欄では、「自然素材を使用できてよかった」という主旨の記述が最も多かった(15名中7名が記述)。「自然素材であれば(中略)何回でも楽しめるので、お家でも作りたいです。」(40代：女性)、「枝や葉を選んだり組み合わせることは、小さい子どもでも楽しめたので、親も夢中になれました。」(30代：女性) といった回答からは、今回のプログラムが、身近な自然物を造形素材として意識する機会となったことが窺える。こういった意識の変化は、造形表現ひいては芸術というものが、何ら難しいものではなく、日常にありふれているものも捉え方次第で芸術になり得るのだという感覚を齎してくれる。

4. 「場」を活かしたワークショップの成果と課題

1)「場」を活かしたワークショップの成果

2つの実践を行うことで、いくつかの成果を得ることができた。まず参加者が、自身の制作した作品と、場との繋がりを明確に感じることができていたという点である。また、2つの実践を比べることで、参加者が場との繋がりを感じられた要因が、それぞれの事例で、異なっていたことが分かった。

両事例とも、場に設置した際にお地蔵様や、草木など、その場にあるものを借景とすることで、視覚的に場と繋がることでは共通していたが、事例①では、寺院という場でお地蔵様というモチーフを使用したことによる場との強い結びつきがあった。一方で2017年の事例(以下事例②と表記)では、その場にある素材を使用することで、場の諸要素との繋がりが強いものであった。「モチーフ」「素材」という異なった造形要素が、空間に備わった諸要素と関連することで、異なるアプローチで、場との結びつきを生み出したと言える。特に、両事例のように、立体造形作品を制作するワークショップの場合、場と同じ3次元空間に作品を設置できるため、参加者が造形要素と場の繋がりを容易に意識することができたのである。

また、この場との繋がりは、単に作品を設置した時点で感じるものではなく、プログラム全体を通して感じるものであった。つまり、事例①ではお地蔵様を制作する際や、設置してお念仏を唱えることで、事例②では、素材の採集や、設置場所の選定の際に、場との繋がりを意識することになった。作品の造形要素のみではなく、プログラム内での、一つひとつのプロセスが、参加者に場を意識させる要因となっていたのである。

そして、場との繋がりを体感することは、場の新しい魅力に気づくことにもなる。両事例とも寺院と幼稚園が舞台となっていたが、参加者はその場の意味や雰囲気を自身の作品を通して、見つめ直すことになった。事例①では、寺院やお地蔵様の意味などを、制作や鑑

賞を通して知り、寺院の宗教的で独特の雰囲気を体感した。一方、事例②では素材の採集、設置を通して、植えられている木々、落葉している木の葉などに目を向けることで、豊富な自然材を有する場であることや、自然物と境内が織りなす美しさを感じることとなった。このようなことは、その場に日常的に訪れていたとしても、あまり意識することのなかった部分である。制作から設置までの一連のプロセスが、場に備わっている本来の力を、参加者に認識させることになったと言える。

　また、場への意識だけではなく、自身の心境や周りの事象に対する意識の変化も見られた。事例①のアンケートには、場に作品を展示することで、「より思いを深められた」、「心が清らかになった」という記述があった。一方事例②では「自然素材への向き合い方が変わる」「これからも落ち葉＝材料という意識で、周囲を見たい」といった声があった。つまり、単に作品を作るだけでなく、その場でなければ得られなかった感覚や体験が、参加者の意識に変化を与えたといえる。

　そして、そのような体験が行われた場は、生活圏にある魅力的な場として参加者に認識される。サイト・スペシフィックなワークショップは、その地域や場の特殊性によってのみ成立し得る限定的なものであると言えるが、参加者がその"特別感"とも呼べる感覚を体感することが、プロジェクト全体の意義や価値となるのである。

　上述した成果に加え、芸術というものが、非日常的な空間で行われるものではなく、日常からの延長上で行われる身近な行為であるという認識が促せたことも大きな成果である。冒頭でも述べたが、美術館やギャラリーなどの所謂ホワイト・キューブと呼ばれる、展示専用の施設は、独特の静謐な雰囲気がある所が多く、普段、芸術に触れていない人にとっては敷居が高い印象がある。しかし、身近にある場や素材を利用して、表現行為を行うことで、日常から芸術が遮断されずに、スムーズに芸術的な世界へ入り込むことができる。これまで芸術の世界と縁がなく、関心を持っていなかった人が、突然その価値に目覚めるということは難しいだろう。しかし、芸術に触れるということは、決して知識のみを享受するということではなく、自身が作り出すことを楽しんだり、作品について他の参加者と話したりなど、様々なアプローチの仕方がある。そして、それによって得られる感性や感覚といったものは、生活を豊かにしてくれるものである。サイト・スペシフィックなワークショップは、芸術と日常とのギャップを埋め、芸術と人とを繋ぐことができる存在になり得ることが、この両事例によって明らかとなった。

2)「場」を活かしたワークショップの課題
　事例①の結果として、「出来上がった作品の場との繋がり方は、ある程度企画者側の意図通りになってしまう」つまりは、予定調和的に場との繋がりをこちらが誘導するような形になってしまうという課題を挙げたが、事例②では、この課題を少し改善することができた。素材の採集、制作、展示場所の選定という、作品に関わる一連のプロセスを、ある程度参加者に委ねることにより、設置された作品に、参加者の意識が色濃く反映されていたの

である。それにより、草木と「同化」するような作品だけでなく、本殿と対峙するようなものなど、場に「介入」していくような作品もあった。ワークショップという制約の中ではあるが、参加者に選択の機会を多く与え、自由度を高めることで、こちらが、想定していないような、作品が生まれるのである。

　「アーティストが企画運営するワークショップは、アーティストが自身の表現活動を兼ねて行うものである。」[*19]という考えもあり、ある程度は、プログラムの完成形を想像しながら、企画しなければならない。しかし、その方法次第では、参加者の自由な発想を、モチーフや素材などの様々な制約によって妨げてしまう可能性もある。場との繋がりを感じさせることを想定しつつも、参加者の意志を反映させることのできるワークショップを企画することで、様々なアプローチで場と関わることができるようになる。

　以上が、成果と課題を含んだ事象である。これらを整理すると以下のようになる。
〈成果〉
①参加者は、場との繋がりを明確に感じることができる。そしてそれは、作品の造形要素と場の諸要素との結びつきや、場を意識させる行為が要因となっている。
②参加者は場との繋がりを体感することで、場の新しい魅力に気づく。
③参加者の心境や周りの事象に対する意識を変化させる。
④芸術というものが、非日常的な空間で行われるものではなく、日常からの延長上で行われる身近な行為であるという認識を促す。
〈課題〉
①方法次第では、企画者側の意図通りの繋がり方になってしまう。参加者の主体性を意識することによって、改善される。

5. おわりに

　本研究を通して、「場」を活かしたワークショップの成果や課題をより一般化することができた。サイト・スペシフィックな立体造形ワークショップは、芸術と日常とのギャップを埋め、芸術と人とを繋ぐことができるものであった。しかし、様々な制約の上で、参加者の自由な発想を引き出すことは難しく、方法次第では、企画者の想定した結果に収まってしまうという問題も孕んでいる。

　今後は、ワークショップであっても、より参加者の発想が反映されるようなプログラムを行う必要があるだろう。また、今回、参加者が場との繋がりを意識する際に、作品の造形要素が大きく影響を及ぼすことも明らかになったので、色や形といったその他の要素で場に繋げることができるような実践も行っていきたい。

註

- *1 暮沢剛巳『現代美術のキーワード100』筑摩書房、2009、148頁
- *2 村上佑介「現代におけるサイト・スペシフィック彫刻論―日本のアート・プロジェクトを中心に―」『平成25年度 広島大学博士学位論文』広島大学、2014
- *3 中野民夫『ワークショップ＝新しい学びと創造の場』岩波書店、2001、11頁
- *4 的場康子「小学生の親の芸術教育や美術館に対する意識」『Life Design REPORT 2007.9-10』第一生命経済研究所、2007、17-26頁 参考
- *5 渡辺一洋「自然環境を舞台にした造形ワークショップの取り組み：「Dankeアートプロジェクト」への関わりとアート教育についての一考察」『環境芸術学会論文集 第9号』環境芸術学会、2010、71-80頁
- *6 茂木一司 他「地域アートプロジェクトにおける美術教育の実践：中之条ビエンナーレにおける表現と鑑賞のワークショップ」『群馬大学教育実践研究 第31号』群馬大学教育学部附属学校教育臨床総合センター、2014、47-77頁
- *7 佐藤忠良『触ることから始めよう』講談社、1997、8-9頁
- *8 同上書、9頁
- *9 土屋誠一「ランド・アート」『美術手帖906号』美術出版社、2008、63頁
- *10 村上佑介、前掲書、141頁
- *11 同上書、141頁
- *12 松久宗琳佛所・松久佳遊監修『仏像彫刻 地蔵菩薩を彫る』淡交社、2012、3頁
- *13 森上史郎・柏女霊峰編『保育用語辞典』ミネルヴァ書房、2000、265頁
- *14 大元誠「アニミズム」森楙 監修『ちょっと変わった幼児学用語集』北大路書房、1996、17頁
- *15 山田辰美「自然への興味をかりたてる遊びの研究―木の実を用いた造形遊び―」『常葉学園短期大学紀要 第29号』常葉学園短期大学、1998 参考
- *16 村上佑介、前掲書、144頁
- *17 同上書、144頁
- *18 同上書、144頁
- *19 片岡杏子「社会教育としてのワークショップ：公共的場面における「美術」をめぐって」『美術科教育学会誌 第28号』美術科教育学会、2007、138頁

なお本稿は、村上佑介「サイト・スペシフィックな立体造形ワークショップの成果と課題―キッズ・ミート・アートの実践を通して」（『美術教育学研究』第50号，2018）と、村上佑介「サイト・スペシフィックなワークショップの実践 ―キッズ・ミート・アート2016の事例」（『大阪城南女子短期大学研究紀要』第51巻、2017）を再構成し、加筆および修正を行ったものである。

column

ピアノはダンスの夢をみる

エメスズキ

えめ・すずき

「……目をとじたピアノは
月のうたにつられて
ながいながい夢をみる
　　——よるの　くらやみは
　　　　まるで　かあさんみたいだ
よるの　ふところに抱かれたピアノは
思い出をたどる旅にでかけ
ふくろうになった夢をみた」
『ピアノは夢をみる』詩 工藤直子／絵 あべ弘士
偕成社

　私が参加する3回目のキッズ・ミート・アートとなる2018年、私はこの「ことば」で表現されているような時間を、子どもたちと共に紡いでみたい……と思い、そこから、ピアノ＋整体＋身体表現の、共同ワークショップのような時間が生まれました。
　1冊の絵本を読みながら、三人三様の手法で、その世界を子どもたちに伝えていきます。
　子どもたちにとったら、読み聞かせだけでも十分なはずなのに、ピアノ音が聞こえたり、寝転んだり、声を出したり、暗闇を体験したり……。
　五感をフル稼動せざるを得ない仕掛けに満ちた、何だか変てこりんで、落ち着かない、何が起こるか予測がつかず……、当日、そんな日常をちょっと離れた時空間が生まれていました。
　全身真っ白や真っ黒の服装の人、そしてピアノを弾くドレス姿の人……。
　どの人も自分のまわりにいる大人とはちょっと違う空気を醸し出している……。
　でもちゃんとそこにいる。自分と同じ場所にいる。
　夢の中のようで、夢じゃない。一緒におどったり、声を出したりもしている。日常と非日常の時間が振り子時計のように行ったり来たりの時間……。
　そこで子どもたちは何に出会ったのだろう。
　ピアノの音色の心地良さ。
　暗闇の恐怖。
　お母さんの手のひらのあたたかさ。

　この一見、混沌としたカオスな時間。その時間こそ、私が今回「おさなご」の皆さんといちばん共有したかったことでした。

　参加者の皆さんも、ナビゲーターの誰も、予測のつかない出来事が起こり続ける時間の中に、記憶にびちっと爪痕を残すような「体験」が生まれていたとしたら……、そして、やがて、自分で「アート」や「表現」や、「教育」や「哲学」……など、何かについて考える時に、ぽっと思い出してくれたなら、なお、いいなと思います。「人間」は、目を閉じれば「夢」を見ることのできる生き物だった……というようなことを思い出すように……。

　「子どもとアートの関わり」……、もはや子どもではない「人間」が「アート」を忘れないようにする術（すべ）の中に「子どもとアートの関わり」という思考があるのでは……とさえ思う時があります。少なくとも「子ども」という言葉を「おさなご」ととらえた時、大人が「ドキドキ・わくわく」できる関わり、もっというなら「夢」をみることのできる関わりが、いつのまにか、おさなごの皆さんを「ドキドキ・わくわく」心躍る時空に導いてしまうとしたら……改めて「おさなご」の皆さんの存在そのものが「アートの源」であることを想わせてくれた今回の時間でした。

column

アート、という場所

日高由貴

ひだか・ゆき

　2018年のキッズ・ミート・アートでは、ランチタイムにピアノ弾き語りの演奏をさせていただいた。演奏に聴き入るというよりは、はしゃいで叫んだり、泣いたりしている子どもたちが多く、ホテルのラウンジで、結婚式の二次会帰りの若者たちが騒いでいるのを尻目に淡々とBGM演奏をしているときと同じような気持ちで演奏していたのだが、そのときのことをふりかえって少し書いてみたい。

　ちょうど昨日、キッズ・ミート・アートに参加されていたピアニストの山田千智さんと別件で打ち合わせをしているときに、音楽と聴衆の話題になった。

　聴いてくれる人が知っている曲を演奏する、というのは、聴衆をひきつけるためのわかりやすい手段である。クラシックであれば、しんとしたコンサート会場で聴いてもらえる場所が設定されていることが多いが、わたし自身は、普段、ジャズのライブハウスと呼ばれる場所や、ラウンジ、イベント会場などで演奏することが多い。静か に聴いてもらえる店もあるが、煙草の煙や、喧騒の中で歌ったり弾いたりすることもある。また、場所によって演奏する内容や選曲は変わってくる。

　年齢層が高く、かつ、それほどジャズに詳しいわけではない聴衆ならば、その世代の人たちなら誰もが知っているであろう昭和歌謡や映画音楽を選ぶことが多い。ジャズのライブハウスなら、「スタンダード」と呼ばれる有名な曲、あるいは、逆に、あまり知られていない曲を演奏することもある（褒められること自体を目的にしているわけではないが、あまり知られていない曲を演奏した際に、結果として、ジャズに詳しい観客の方々に「なかなかよく勉強しているね」とお褒めの言葉をあずかることもある。ジャズや、ジャズのライブハウスの敷居が高いと敬遠されることの多い理由が、この、若干排他性を帯びた土壌のかもし出す空気によるものであろうことは想像できる。よく知られている曲を演奏することと同様、あまり知られていない曲を演奏することも、結局は相手を想定して、ある共通の枠組みの中で、お互いの共通認識

を確認し合っているともいえる)。

　上記のような選曲は、子どもを相手にするときに、彼ら／彼女らが普段聴いているアニメソングを演奏することと同列に並べられる行為であろう。

　昨日話題になったのは、演奏者は、多かれ少なかれ、自分の演奏のどこまでが聴衆に対する媚びであり、どこまでが独りよがりの自己満足であり、伝わらないのはこちらの技術不足なのか、聴衆に聴く耳がないからなのかを、迷いながら演奏しているということであった。

　おそらくこの問いに正解はない。自己と他者の境界を疑い、問い直しながら模索していく行為そのものが、おそらく表現という行為であるだろうからだ。

　私が幼いころから「たまねぎおばちゃん」として親しんできた、黒柳徹子のエッセイ[*1]に印象的な一節がある。

　黒柳は、現在ならばおそらくADHD[*2]と診断されるような、じっとしていられない子どもであり、授業中も引き出しをひっきりなしに開け閉めしていたという。

　しかし、小学校1年生のときに、チェーホフ[*3]の本を読んで感動した経験をふりかえり、文字や漢字がろくに読めなくても、子どもは心の眼で読んでいるのだ、と述べている。

　子どもに限らず、心の眼、心の耳で触れたときに、琴線をふるわせるものを創り出していくことはたやすいことではない。

　技術や知識は、世界をあたらしく分節化し、あたらしい色彩を生み出すが、一方で、心の眼や耳を硬直させる可能性もつねにはらんでいる。

　今回イベントに参加させていただき、前回参加させていただいたときの、5年前のキックオフの文章、および自分自身のコラムを読み返してみて、あらためて、「子ども＝インファンス＝言葉をもたない者」という概念について考えさせられることが多かった[*4]。

　子どものためのアートの場、というよりは、自分自身が、言葉、そして言葉を持たない者と出会う場としてのアート、その共同技術者としての子どもとの出会いの場、といったほうがふさわしい時間であった、と思う。

註
- [*1] 黒柳徹子『小さいときから考えてきたこと』新潮社、2001
- [*2] ADHDはAttention-deficit hyperactivity disorderの略称であり、注意欠陥、多動性障害と訳されることが多い。
- [*3] アントン・パーブロヴィチ・チェーホフ。1860年ロシア帝国タガンログ生まれ。1904年ドイツ帝国バーデンワイラー没。劇作家。作家。
- [*4] 「インファンスとは、ラテン語で『子ども』を示すが、その原義は『in(否定の接頭辞)＋fans(言葉を話す)』である。すなわち、このインファンスは、『子ども』を意味し、その子どもには『言葉をもたない者』という含意がある」
弘田陽介・山田(北谷)千智編著「子どもとアートの出会いの場を形作るKIDS MEET ART、キックオフ」『大阪城南女子短期大学研究紀要』第48巻、2014、3頁。日高のコラムも同論文に所収。

column

アートの経験

のぐちひろこ

　6年前に行われたキッズ・ミート・アートでのワークショップでは、紙に等身大の自分を描くというテーマで作品を作ってもらいました。

　子どもにとって、まだまだ未知な存在であろう自分自身を、どの様に捉えて描くのか、とても興味深かったですし、家の中ではなかなか大きな作品を描くことは難しいだろうということで、あちこち絵の具が飛び跳ねても気にせず、大きく描いて欲しいと思い、このテーマを選びました。

　「私の手ってこんなに長かったかな、もっと短いと思ってた」「顔のここには黒子があるから描いておかなきゃ」と、お話しながら一生懸命に描く子や、考え込んでなかなか筆の進まない子、マイペースに筆を走らせて、終わるや否や、次の会場へと脱兎の如く走り去る子、自分自身を描いているつもりでも、いつの間にか仮面ライダーになってしまう子もいたりと、様々な個性の子どもたちから生み出された作品は、どれも、見ているこちらがハッとする様な「美」を提示してくれたことを思い出します。

　それぞれが、描く対象である自分自身を見つめる先にある線、色、形は、紙の上で呼応し合いながら、互いを引き出しつつ生まれてくるもの。長い、短いではない線。判別するための色や形ではない、つまり物質的なものではなくなります。

　子どもにとってアートという物、或いは経験とはどんなものなのでしょう。

　私が小学4年の時に、祖母に連れられ画家の猪熊弦一郎氏のお宅にお邪魔した時のこと。御自宅の中に入ると、白くて広い空間には先生が集め続けた、美しい物たちが、家中に整然と、清々しく飾られていて、子どもながらに別世界に来た様な気持ちになりました。その数々のコレクションの中から、その当時で100年以上前の物だという帽子の箱を見せて頂きました。「内側を和紙で修理しているんですよ」と愛でているその箱が、ただの「物」としての箱ではないことは、小学生の私でも感じられて静かに感動したことを思い出します。

　子どもが描く物はまだ、アートではないかもしれません。だとしても、彼らの創り出す名前のつけようがない「美」は、物理的なものだけが、この世界にあるのではないことを教えてくれ、そして、それらを生み出した経験は、「共に生きている」という感覚を呼び起こすものであると思うのです。

　子どもたちにとって絵を描くという経験が、その先に長く続いていく人生の、どこに繋がって花開いていくのか。決して平坦な道だけではない人生の、仄かな道しるべとなる灯りであって欲しいと願って止まないのです。

III

キッズ・ミート・アートの6年：
『共謀人』としての子どもとアーティスト

小林瑠音

——概して、子どもとアーティストの関係には、独特の距離感と緊張関係が必要である。そのためには、お互いが稀に出会う「まれびと」同士でないといけないし、妙な馴れ合いや、一方向的な可愛がりを超えた「共謀人」であることが望まれる。キッズ・ミート・アートの6年間を通して、そのような理想像がみえてきたような気がする。

小林瑠音　こばやし・るね
前應典院アートディレクター／京都造形大学非常勤講師。2015年度まで應典院アートディレクターを務め、現代美術の展覧会や子どもとアートをつなぐ企画の運営等を行う。現在は神戸大学大学院博士後期課程在籍。専門は英国文化政策、コミュニティ・アート史。いわゆる「アート」の存在が前提とされていない環境において、アートとコミュニティが遭遇していく、そのプロセスと社会的インパクトに関心をもつ。

III キッズ・ミート・アートの6年：
『共謀人』としての子どもとアーティスト

小林瑠音

こばやし・るね

1. はじめに

　キッズ・ミート・アートは、「子どもと大人が一緒に楽しむ創造の場」をテーマにしたアート・フェスティバルとして、2013年に始まった。その後、小規模のワークショップ形式と複数プログラムを同時開催するフェスティバル形式を隔年で開催してきた。
　その中でも最大規模の催しとなった2015年度のキッズ・ミート・アート2015では、2日間で全14プログラム、ゲスト21名、学生ボランティアや幼稚園の先生等スタッフ総勢71名を含む、合計約350名のご来場をいただいた。本稿では、筆者がアート・ディレクターとして関わった当時の様子を手がかりに、キッズ・ミート・アートの足跡をたどりつつ、そこで目撃してきた子どもとアーティストの関係性について再考してみたいと思う。

2. ズレと共鳴

　フェスティバルの慌ただしさは、いつも前日の準備段階から始まった。幼稚園講堂への楽器搬入、インターンの芸大生による看板作り、クラフト・ワークショップのための毛糸展示、と各会場でせかせかと準備が進み、それを映像記録にとどめるカメラマンさんが額に汗しながら小気味良いカメラワークで駆け回る。特に秀逸だったのは、野村誠さん[*1]が、幼稚園の楽器倉庫から壊れてでろーんとなった木琴（紐がはずれてもはや木片と化していたもの）を発掘してせっせと床に並べ出されたシーンだった。一緒に準備作業にあたってくださっていた幼稚園の先生方の、「えっ？　これを使うのん？？」という明らかに困惑した表情と、その一方で、無造作に陳列した木片の音響チェックを黙々と続ける野村さんとのコントラスト。おそらく、お互い、いつもと違うアウェーな環境の中で、ともに遠慮や不安を抱えながら作業にあたってくださっていたのだと推察する。しかし、このある種の〈不和〉が、まさにこのキッズ・ミート・アートの始まりであり、エッセンスだったように思う。
　実際、開催日当日にも、同じようなシーンに出くわした。例えば、飛べない鳩がなぜアートなのか、ゲスト講師のヒスロム[*2]たちが説明を重ねるも腑に落ちない表情で「はぁ……。」と頷く保護者の方。〈不和〉と書くとネガティブな印象になるので、どちらかというと〈ズ

レ〉と呼んだほうがよいのかもしれない。いずれにせよ、ここで生じた野村さんと幼稚園の先生、あるいは、ヒスロムと保護者の方の間の〈ズレ〉、つまりそれぞれが内包している楽器やアートについてのイメージの違いと、その違和感の表出は、実はとても大事なことだったのではないかと考えている。

図1　ユニークG（ヒスロム・山本麻紀子）と高橋綾による
「飛べないレース鳩を救え！〜ヒスロムと一緒に考えよう〜」

　美術家、ミュージシャン、演劇人、ダンサー（ここでは、以下これらを総称し「アーティスト」と呼ぶ）をお寺や幼稚園に連れてくるときに、できるだけお寺慣れしていない、または子ども慣れしていない人を呼んでくるように心がけている。アーティストたちは、子どもたちにとっての、「まれびと」[3]であってほしいし、アーティストたちにとっても、子どもたちは「まれびと」であってほしい。子どもたちには、観たことないもの、聞いたことない音、使ったことない身体の部分、そういった未知の対象と出会ってほしいし、アーティストたちには、できる限り「いつも通りの所作」の中で、想定外のレスポンスと出会ってほしい。それは子どもたちにとって〈遊び〉かもしれないし、アーティストにとっては〈表現〉かもしれないし、それらが逆になることもあるだろう。子どもたちとアーティスト、遊びと表現は、私たちが抱きがちな予定調和を軽やかに超えて、瞬時に〈共鳴〉することが稀にある。実際、野村さんの音楽会では、ハーメルンの笛吹きが如くその音色に吸い寄せられた、ヨチヨチ歩きの子どもたちが、一人また一人とピアノの周りを駆け回り始めたのだが、その距離感やタイミングは、まるでそうなるようにあらかじめ演出されたコンテンポラリーダンスの舞台のようであった。キッズ・ミート・アートはその瞬間をできるだけ目撃したいし、捉えたい。この〈共鳴〉に対する探求もキッズ・ミート・アートのもうひとつの関心事であった。

図2　野村誠「ノムさんのスッポコペー音楽祭〜まじる、ずれる、かさなる音〜」

3.「共謀人」としての子どもとアーティスト

　と、ここまで理想をツラツラと書いてみたわけだが、しかし、そんな出会いの場はそう簡単には実現しない。そもそも、子どもを対象に、とオファーした時点で、アーティストは、いつも通りの所作を少し封印して、(当たり前のことなのだが) おにいさん、おねえさん (あるいは、おじさん、おばさん) を演じてしまう。ましてや、保護者や教員とりわけお坊さんの目線を前にすると、表現者としてのトゲや毒の部分は無意識のうちに一時小休止となり、背筋がピンと伸びているというのが正直なところだろう。実際、このような子どもに向けたプログラムでは、私たち主催者側にとっても、いわゆる大人を主な対象にしたアート・フェスティバルを開催する時以上にセンシティブにならないといけないことが山積する。例えば、休憩所やバギー置き場の設置、写真撮影のルールや、フードコーナーのアレルギー表示など……。

　それでもなお、ある一定の道徳的判断と安全性の配慮を保ちながらも、その中で一瞬の野心をみせてくれたアーティストたちに私は敬意を表したい。それは、「子どもにはちょっと難しいかもしれない」という迷いとのせめぎあい、つまり、飛べない鳩や哲学カフェ、仏教音楽を通したコンセプチュアルな問いへの挑戦かもしれないし、プリミティブな織り機、書家用の等身大の毛筆、彫刻用の石膏と水粘土、など素材への希求かもしれない。小さいひとたちを相手に、プロの表現者としてどうふるまうか、新しい表現に対する野心をどう維持するか、これはアーティストにとって実は最も根源的な挑戦のひとつであるだろう。

　ここで、子どもとアーティストの間のこの微妙な緊張関係について考えた時、ふと思い浮かぶのが、20世紀前半に活躍した洋画家の北川民次 (1894-1989) [*4]の存在である。メキシコを拠点とした児童美術教育家でもあった北川は、当時、現地の子どもたちから「コンパニェロ」(仲間) と呼ばれ、やがて「コンプリセ」(共謀人) と愛称されるようになった。帰国後

に開校した名古屋動物園美術学校でも、子どもたちに、「北川くん」「北川さん」と呼ばせたという。

北川に大きな影響を受け、戦後の日本において新たな美術教育の在り方を提言した美術評論家の久保貞次郎(1909-1996)は、北川の以下のようなことばを引用している。

最も障害となることは、教師は威厳を保たねばならぬ、とか、生徒から常に尊敬されねばならぬということである。私は勿論威厳もなく尊敬もされない立場に立たねばならなかった[5]。

確かに、北川の立場が全く威厳もなく尊敬もされないものだったわけではない。むしろ、いわゆる教師然とした威嚇的な印象にならないよう、あえて自らの役割をフラットに演出していたのである。より重要なことは、彼の呼び名が「北川くん」だったからといって、子どもたちとの関係性が緊張感に欠けたお友達感覚のものだったわけではないという点である。そこには、互いに、自由への願望を秘めた「共謀人」としての同業者意識のようなものが存在したのである。見たことのないもの、聞いたことのない音、つかったことのない身体の一部、そういった未知の対象を掴もうと共謀する野心のぶつかりあい(それらは時に〈狂暴性〉を孕むものであったかもしれない)こそが、彼らの関係性を真の意味でフラットにしていたのではないだろうか。

4. おわりに

概して、子どもとアーティストの関係には、独特の距離感と緊張関係が必要である。そのためには、お互いが稀に出会う「まれびと」同士でないといけないし、妙な馴れ合いや、一方向的な可愛がりを超えた「共謀人」であることが望まれる。キッズ・ミート・アートの6年間を通して、そのような理想像がみえてきたような気がする。

そこに伴走する主催者として、子どもたちとアーティストが、互いの「まれびと」性と「共謀人」的気質をどうチューニングしていくのか、これからも一連の問答を注意深く見守っていきたい。

特に、これまで6年間に渡るキッズ・ミート・アートの試みにご参加いただいた講師の方々には、様々な領域(そこには、演劇やダンスといったいわゆる芸術領域の実演家だけでなく、幼児画研究などのアカデミアあるいは武術などのマーシャル・アーツも含む)のプロとして、それぞれの技術を通して、子どもたちの生に向き合っていただいた。そこから生まれた、子どもたちの反応、例えば、一心不乱に自分の指のすきまや足の裏に絵の具をぬりたくってみたり、母親の手を振り払って演者の輪に飛び込んでいく衝動は、日頃、現代の寺子屋を実践しようと奔走している私たち應典院のスタッフや、幼児教育に携わる幼稚園の先生方にとって、新たな表現者、そして新たな園児たちの表情と出会う証左となったのではないだろうか。

子ども、アーティストそして、その周辺の大人たちそれぞれが、色、音、ことば、身体にあふれた異日常の中で、お互いの〈ズレ〉と〈共鳴〉を確認しあう、そんな「共謀人」たちの集い場に今後も居合わせていたいと思う。

図3　BOM「タテイトのふしぎ、ヨコイトのまほうvol.2〜糸をつむごう、織り機であそぼう」

註
- *1　作曲家・ピアニスト。キッズ・ミート・アート2015では、2日間にわたって「ノムさんのスッポコペー音楽会〜まじる、ずれる、かさなる音」を開催。全員参加の即興音楽会として大いに盛り上がった。
- *2　加藤至・星野文紀・吉田祐によるアーティスト・コレクティブ。2014年に應典院にて展覧会『大家さんの伝書鳩』を開催。キッズ・ミート・アート2015ではレース鳩を飛ばすワークショップとともに、飛べないレース鳩について考える会を企画した。
- *3　「稀に来る人」という珍客を語源とする、神または聖なる人を意味する用語。民俗学者の折口信夫（1887-1953）が提唱した概念で、常世の国からくるものをまれびとと呼んだ民間伝承がその基にある。折口信夫「国文学の発生（第三稿）―まれびとの意義」『折口信夫全集第一巻』中央公論社、1965、3-62頁
- *4　1914年から21年までニューヨークに美術を学ぶ。メキシコ国立美術学校を修了後1925年から1936年までメキシコシティ郊外のトランバムとタスコにて野外美術学校で児童美術教育に携わる。イサム・ノグチ、国吉康雄、藤田嗣治といった日本人画家や、メキシコ壁画運動の中心人物であったディエゴ・リベラ、ダビッド・シケイロスなどが野外美術学校を訪問し、その活動を賞賛した。1936年に帰国後も、民衆や労働者等を題材とした作品を積極的に発表しつつ、創造美術協会の発起人として美術教育に関する講演、執筆などを行った。
- *5　北川民次『絵を描く子供たち―メキシコの思い出―』岩波新書、1952、112頁

参考文献
久保貞次郎「北川民次と美術教育」北川民次著、久保貞次郎・島崎晴海編『美術教育とユートピア―北川民次美術教育論集』創元社、1969、343-351頁
北川民次『絵を描く子供たち―メキシコの思い出―』岩波新書、1952
折口信夫「国文学の発生（第三稿）―まれびとの意義」『折口信夫全集第一巻』中央公論社、1965

column

遊びをせんとや
生まれけむ

山田 修

やまだ・おさむ

　樹木が落葉した後にできる傷痕を葉痕というのだそうだ。

　友人からサワクルミの葉痕の写真を見せられ、ハート形の輪郭の中に導管の痕跡が3点並んでいる様が、無邪気に笑いかける表情に観えてホッコリ温かい気持ちになった。

　同時に、縄文時代の土偶や土器に施文されたハート形の人面によく似ていることにハッとした。

　原始美術を図像学で読み解き、その世界観を解説する人もいるが、当の原始人たちは自然の中から造形モチーフのヒントを得ていたのではないだろうか。

左イラスト：土偶／右イラスト：葉痕　山田修 画

　葉痕を見つけた縄文人が、「これうちの子どもの顔に似ている！」と、嬉々として土器に施文する姿を想像すると、遠い昔の人と同じ地平に立っていると感じる。

　日常の中で発見した面白いモノが、記憶の引き出しにしまい込まれ、モノ作りの際に手を介在してその記憶がカタチになっていく。

　最初に作りたいカタチが明確にあるのではなく、手が遊んでいるうちにモヤモヤしたモノがカタチになっていく。

　その過程はヒンドゥー教の天地創造の物語「乳海撹拌神話」そのもの。

　ヒトはカタチに物語りを見出し、カタチを派生・発展させ、物語りも広がっていく。

　子どもの手遊びだってそうだ。

　粘土を捏ねて遊んでいるうちに、ナニかの記憶が呼び覚まされ、ナニゴトかを目指し始める。「見て〜お父さんの顔だよ！」と、こんな風に。

　仮にお父さんの顔に花が付けられていて、その意味を問うたりすると「面白いから

〜！」と答えられたりもするが、確かに面白い。

　私に粘土さえ持たせておけば、何時間でも飽きずにひとり遊びしていたのは何歳頃までだっただろう？　朧げな記憶では粘土のカタチを変えながら、ヒーロー物の空想の中で遊んでいたように思う。

　しかし小学生になる前後であったか、ある日突然に以前と同じような無邪気な遊びができなくなった時のことを私は覚えている。

　大人になり、チェコの映像作家カレル・ゼマンの人形アニメを観た時、同じ遊びの世界が見事に映像化されていることに驚愕した。

　子どもの感受性を持ったまま大人になり、高度な表現技術を身に付けることができた稀有な人が芸術家、そして縄文人なのだろうか。

　遊びをせんとや生まれけむ……葉痕の写真を観て、無心に遊ぶ子どもの声を聞いて心騒いだという梁塵秘抄の歌人のように、私の心も揺らいだ。

　無邪気に遊ぶ子どもを観るたびに「今のうちに遊んでおきなよ……」と、憧憬と共に我が越し方の哀憐を感じる。

文中の写真はキッズ・ミート・アート2017「あなたも『縄文人！』〜身近なもので楽器を作ろう〜」のプログラムの様子

column

『仏笑い』とはなにか？

陸奥 賢

むつ・さとし

　應典院の齋藤佳津子さんよりご依頼をうけて、キッズ・ミート・アート用に、ぼくが作ったのが「仏笑い」(ぶつわらい・企画：陸奥賢、イラスト：秋田桃江、協力：應典院/パドマ幼稚園)です。

　「仏笑い」は、簡単に、ひとことで説明をすると、「福笑いの阿弥陀さまバージョン」です。阿弥陀さまの顔のパーツ(「半眼」「白毫」「福耳」「三道」「螺髪」など)には、それぞれ深い意味や物語が込められています。仏笑いでは、それらの顔のパーツについての解説文もついているので、子どもたちは阿弥陀さまのご尊顔で「福笑い」をして遊びながら、いつのまにか、仏教の深い智慧に触れて学ぶことができる……という画期的(?)な福笑いです。

　「阿弥陀さまの顔をぐちゃぐちゃにして遊ぶなんて……」といったお叱りをうけるかもしれないという思いもあったのですが、仏教の智慧は、深いです。例えばお釈迦さまは『法句経』の中で以下のようなことを述べたといいます。

　「母を殺し、父を殺し、二人の王を殺し、士族たちを殺し、王国を殺し、従臣を殺し、バラモンは揺るぎなく進む」(『法句経』)

　文字通りに受け取れば、かなり過激な物言いです。これは『臨済録』の有名な「仏に逢うては仏を殺せ」の元ネタになった言葉でもあるとか。仏教学者のあいだでも多種多様な解釈があって、非常に難解な言葉ですが、お釈迦さまは、ときにストレートな物言いもしますが、ときには矛盾相克に満ち満ちた言葉で、人間存在や世界観を揺さぶってきます。一見すると反社会的メッセージのように思えますが、じつはその中に社会肯定のメタ・メッセージが含まれていたり、さらなる価値転換が想起されるようなメタ・メタ・メッセージが内包されていたりする。ダブル・バインド、トリプル・バインドの名人、達人です。

『仏笑い』は『法句経』や『臨済録』ほどの激しさ、深さはないですが、ぼくなりに「仏に逢うては仏を笑え！」ぐらいの仏教スピリッツ（？）を込めたつもりです。

　実際に、『仏笑い』をやってみると、阿弥陀さんの螺髪や半眼や福耳の位置がずれまくって、そのあまりのブサイクさに爆笑してしまう。しかし、笑ったあとに、ふと、急に、罰当たりなことをやってしまった…という後悔の念のようなものが起こります。思わず合掌して「南無阿弥陀仏」と唱えてしまいます。唱えてしまう自分がいます。

　自分は、果たして、本当に、仏教を信じているのか？　正しい行いをしても、なかなか確認できないのです。仏像をキレイに磨いても、仏教心を発見できないでしょう。それよりも悪い行い……例えば仏像にラクガキをするとか、仏像を燃やすとか……そういう罰当たりなことをすると、じわじわと罪悪感や後悔、恐怖のようなものが生まれてきて、自分の中にある仏教心を発見してしまう。

　阿弥陀さまのご尊顔で悪ふざけをする。イタズラをする。そうすることで、仏教心を喚起するのが、『仏笑い』です。

　キッズ・ミート・アートでは、ぼくの以上のような意図が当たったかどうかはわかりませんが、数多くの子どもたちや大人に遊ばれました。少し驚いたのは「福笑い」という遊びをやったことがないという子どもが数多くいたことで、こうしたアナログの遊び自体が面白かったようです。大人たちの反応も上々で、仏笑いは大量にプリントアウトして、ご自由に持って帰ってもいいですよと設置していたのですが、100枚以上も配付されました。

※公式サイトより無料でダウンロード可能です。ぜひ一度、遊んでみてください。
　https://www.facebook.com/butsuwarai/photos/a.127675914

column

キッズ・ミート・アート という出会いの場

弘田陽介

ひろた・ようすけ

　2013年の8月30・31日、應典院、パドマ幼稚園、大蓮寺において、キッズ・ミート・アートというイベントを初めて開催しました。絵画・ダンス・音楽・ことばや武術の実践者を一堂に招いて、子どもたちが普段触れないようなアートに出会う複合的なイベントです。

　このようなイベントを初めて行なったのですが、それは私が普段、子どもと関わったり、保育関係の仕事をしていて、実は子どもがアートに出会う機会が本当は少ないように思えたからです。私の所属する学校は幼稚園教諭・保育士の養成校ですが、『子どもと何かを制作する』という時につい余計なことを考えてしまう。制作物で一緒に遊ぶ楽しさを知ろうとか、作ったものの感想を一緒に伝えあいましょうというように。つまり、制作というアートをコミュニケーションに従属させてしまっている。そして、アートって人間関係に関わるものだよという心性をこつこつと子ども心に植えつけてしまっている。

　整体の野口晴哉氏はよく次のように話していたそうです。子どもの絵を褒めてはいけない、褒めると絵を描く楽しみを忘れてしまうと。人と人との関わりの困難さが至る所で露呈している今日、つい私たちはアートに処方箋を求めてしまう。しかし（これは古い考え方なのかもしれませんが）、アートを何かのために使うのはやめようというのが、このイベントの通奏低音です。

　では、「教育のためにアートを用いてはいけないのか」と言われる方もおられるでしょう。古典主義の詩人Fr.シラーは美によって人間は成長すると考えました。それはきっと正しい。しかし、美に出会う契機は規律的な学校教育や商品化された作品ではないはずです。あくまで偶然に出会ってしまう。

　キッズ・ミート・アートの講師の方々は皆、アートの先生ではありません。人生のどこかでアートに出会ってしまい、そのアートが人生のアートになってしまった人々です。そんな人々に子どもは出会います。しかし、そこでアートに出会えるかはわからない。それでも、これからの人生のどこかで出会えればいいのではないか、そしてその旅の一歩になればよいのではないかと思うのです。

column

母ちゃん目線の
キッズ・ミート・アート

佐々木清子

ささき・きよこ

　私はもともとアート好きなのですが、息子が成長すると共に暴れ騒ぐようになり、美術館などじっくり鑑賞する場所からは足が遠のいています。代わりに、子ども向けのワークショップへ一緒に参加することが増えました。しかし、アート系の子ども向けワークショップは、対象が小学生以上のものが多く、年齢不問かつ親も一緒に参加できるものは、案外少ないのが現状です。

　ということで今回は、親子で思いっきりアートにミートできることを期待して、以下2つのワークショップに参加しました。どちらもただ楽しめればいいと思っていたのですが、考えさせられる貴重な機会となりました。

　「いっしょにうごいてまなぼう！ 〜からだあそびからからだのアートまで〜」は、子どもと大人に分かれ、別々のワークを行いました。最後は全員輪になって、前の人の背中を撫で下ろしながら、各自の好物を発表し合いました。10代女子の細い指で遠慮がちに背中を撫でられると、何とも心地よく温かい気持ちになり、赤の他人の好物といった、普段ならどうでもいいことでも興味深く聞くことができました。この背中を撫で下ろす行為は、頭に上った血の気を下げるといった効果もあるそうで、今でも息子が大泣きした時などに活用しています。良い土産を頂いた反面、残念だったのは、暴れまわる息子を追う間にほとんどのワークに参加できなかったことです。子どもが多いと、講師だけでは制御できないので、数名の保育士がサポートされるとよいのではないかと思います。

　「ノムさんのスッポコペー音楽会」は野村誠さんのソロに始まり、最後は全員が演者になっての大合奏。唯一のルールは「おきろー！」のひと声で演奏を止めることです。子どもたちの真剣な表情と音のパワーに感動しましたが、人生の課題も浮き彫りになりました。それは全員演奏が始まる前のこと、楽器を触りたくて仕方ない息子を止めるのに必死だった私は、舞台に侵入してしまったのです。舞台はアーティストの

領域なので、そこで起きることはお任せするべきだったと反省しています。今回のことで、これまでも他人の領域を侵してきたことに気が付きました。あの場はアーティストさんにお任せして、息子にも楽器を触らせる自由を与えるべきだったのではないかと思っています。特に息子に対しては、母親の都合や勝手な解釈で干渉しがちです。よくよく気を付けねばなりません。

　いずれも、子どもも大人も一緒に動き、演奏することで、居合わせた人同士の関係性が、平らになっていくような感覚になりました。この平らな関係を、日常生活に取り入れたいところですが、なかなか難しいものです。今回のようなイベントに参加して、平らな気持ちを定期的にチャージし、心を平和に保ちたいものです。貴重な機会を企画された皆様には感謝すると共に、年1回でなくもう少し回数を増やして下さいますよう、お願い申し上げます。

column

知らなかった世界へ

永原由佳

ながはら・ゆか

　このたび、パドマ幼稚園と應典院、そして城南学園の3者が共催して行う、夏の子どもと大人のフェスティバル「キッズ・ミート・アート2015」のプログラム企画に関わりました。この企画を應典院スタッフと相談し始めた時、大学時代にお世話になった野村誠先生のお顔が真っ先に思い浮かびました。子どもとおとなが「即興」で音やリズムを重ねて遊ぶ空間を繰り広げたいと相談し、なんと両日ともにご出演を快諾頂きました。

　應典院の隣に位置するパドマ幼稚園で仕事をして、今年で11年目になります。應典院の活動には昔から興味を持っており、さまざまな方たちの講演など、いつも「なんだか面白いことをされているな」という感覚で眺めていました。「まちとお寺と幼稚園」というテーマで應典院との連携が深まった2013年度は、育児に没頭した生活を送りながらも、今までの〈教諭〉という視点だけでなく、〈母親〉という視点で子どもの育ちを考える機会となりました。混沌とした現代社会を生き抜く子どもたちには、「当たり前」と思っているものとは違う世界に、積極的に向かっていく力も必要だと感じています。幼稚園や学校だけでは培えない創造力を、地域ではぐくむ機会も求められてくるでしょう。

　実は高校時代には演劇部に所属し、役者を目指した時期もありました。大学の卒業論文は『理想の参加劇を求めて』と題して、子どもとおとな全員が参加し、それぞれが持っている力を出し合うことで完成する劇のあり方について考察しました。キッズ・ミート・アートで、これまで積み上げてきたものがひとつの形になるような気がします。日常では出逢えないアーティストの方と触れ合うことで、子どももおとなも幼稚園の先生も、知らなかった世界へ感性を開き、いつもと違う自分を発見できるはずです。みなさんの五感に残る、素敵な夏の祭典にしていきたいと思っています。

應典院ニューズレター「サリュ」vol.98
（2015年7・8月号）より転載

IV

お寺の〈アフォーダンス〉からキッズ・ミート・アートを振り返る

秋田光軌

──あらゆる人を平等に救いとる仏の「物語」は、死のその先にまで続く死生観によって「生⇔死」の二項対立を解体するのをはじめ、社会とは別の準拠枠を用意することで、年齢・性別・職業といったあらゆる世俗的な枠組みを無効化するものでもあった。人間は無秩序であることに耐えられないが、お寺では阿弥陀仏に見守られているという軸があることによって、一時的にその枠を外してみることが可能となる。お寺に流れる「物語」とキッズ・ミート・アートとの結節点を、ここに見出すことができるだろう。

秋田光軌　あきた・みつき
浄土宗大蓮寺副住職／應典院主幹。大阪大学大学院文学研究科博士前期課程修了（臨床哲学）。仏教のおしえを伝えながら、死生への問いを探求する場づくりに取り組んでいる。

IV　お寺の〈アフォーダンス〉から
キッズ・ミート・アートを振り返る

秋田光軌

あきた・みつき

　キッズ・ミート・アートは、2013年度の開始以来、「葬式をしない寺」浄土宗應典院やその本寺である大蓮寺、また大蓮寺が設立母体である「仏教の幼稚園」パドマ幼稚園を会場に、2018年度で6年目を迎えた恒例事業である。昨今、「子ども×アート」の取り組みは至るところで行われているが、この企画の特徴のひとつとして、仏教寺院、あるいは仏教の幼稚園が会場であるという、特異な場所性があげられるだろう。はたして、その場所性はキッズ・ミート・アートの内容にどのような価値をもたらしていただろうか。筆者もまた仏教者の端くれとして、本稿ではこうした視点から簡単に振り返っておきたい。

図1　2017の「子どもお練り供養」での筆者写真

　そもそも、寺院とはどういう場所だろうか。一般には本堂にご本尊が安置されており、仏教に関する宗教儀礼・説法などが行われる場所を指すが、これだけでは寺院という場の本質をあらわしたことにはならないように思われる。そこには何よりも先に仏教の教えがあるはずであり、宗教儀礼や説法、ご本尊すらもが、その教えを表現する媒体として存在しているのである。逆に言えば、「仏教の教えに通じる機会を生み出しているとしたら、宗教儀礼や説法が日常的に行われていないとしても、その場を寺院と呼ぶことができるのではないか」という問いも成り立ちうるだろう。とりわけ浄土宗應典院はそうした問いと正面から組み合い、かつては（現在でいうところの）教育・福祉・芸術の拠点であった寺院の役割

を取り戻すべく、20年以上にわたって多彩な活動を続けている場所でもある。

さて浄土宗寺院の場合、そこに流れている仏教の教えとは、何よりも阿弥陀仏と極楽浄土に関するものであり、信仰を共にしない人にとっては一種の死生観、あるいは「物語」と呼べるものである。大まかに言って、その「物語」は次のようにまとめられる。

阿弥陀仏はかつて人間として修行をしていた時代に、「心から我が名を呼ぶ者は誰でも、たとえどんな悪人であろうとも必ず極楽浄土に救ってみせる」と誓いを立てられた。すべての人は「南無阿弥陀仏(阿弥陀さまに帰依します)」と心を込めて念仏を称えれば、時間的にも空間的にも無限の存在である阿弥陀仏によって、臨終の際に極楽浄土に救いとられる。そして往生した者は極楽浄土で修行者として生まれ変わり、そこで仏となった後に、またこの世の人々を導きに帰ってくる──。まさに往生とは「往って生まれる」と書くのであり、通常使われるであろう「死ぬ」「亡くなる」とは対極の意味を持つことばである。この世での生と死を超えたスパンで現実を見つめることを可能にするこうした「物語」は、まさに「生⇔死」の二項対立を解体する「死では終わらない物語」(釈徹宗)であり、日本人の死生観にきわめて深い影響を与えた感がある。

また、死のあり方に変容をもたらす「物語」は、当然ながら生きることそれ自体にも影響を与えずにはおかない。念仏を称える行為を通して、絶対者である阿弥陀仏に救われることが決定するということは、仏を経由してじぶんの小ささ・愚かさを自覚することであり、また「どんな者であろうとも、たとえ過去に大きな罪を犯した者であっても、誰しもが往生できる」という宣言は、人それぞれの多様ないのちを肯定する証でもある。現在に至るまで年齢や性別、職業などによる差別が存在しているし、明確な差別を受けていない人であっても、社会における「常識」や「普通」といった枠組みによって多かれ少なかれ苦しめられる。阿弥陀仏と極楽浄土の「物語」はそうした苦を引き受けつつ、それでもなお往生を約束することで、いずれのきびしい人生も最後まで生き抜く価値があるのだと、私たちのいのちのかがやきを見つめ直すのである。

図2　大蓮寺境内での地蔵菩薩

秋田光軌

では、應典院・大蓮寺・パドマ幼稚園という場に備わっているこうした「物語」は、キッズ・ミート・アートにどのような影響を与えたと言えるだろうか。

　アメリカの知覚心理学者ジェームズ・J・ギブソンによる造語に、〈アフォーダンス〉(affordance)ということばがある。〈アフォード〉(afford「〜ができる」「〜を与える」)から派生した用語で、その後、ドナルド・ノーマンが認知心理学の領域で、「ある環境がわたしたちに対して潜在的に与えている用途や機能のことをさしている」という定義を試み、デザインの領域などで広く使われるようになった概念である。お寺の〈アフォーダンス〉は、やはり生死を見つめる死生観に基づく「物語」にあり、主催者・アーティスト・参加者の三者がそれぞれ影響を与え合いながら、自然とその「物語」に関わりを持つ様子が見られるのである。

図3　キッズ・ミート・アート2015の学生スタッフを交えたミーティングの様子

　まずは主催者側についてであるが、本書での弘田陽介の論考で述べられているように、初期構想段階からキッズ・ミート・アートが「保育の外のアート」であることが意識されていたのは象徴的である。「保育の外のアート」とは、「大人(先生)⇔子ども」という二項対立によって区分された、既知の文脈の中で営まれる子ども向けアートとは異なる、予期できない試みを指す。結果的にキッズ・ミート・アートは、通常生まれがちな「大人⇔子ども」「一般人⇔アーティスト」、あるいは「ゲスト講師⇔参加者」といった二項対立からも離れつつ、その場の人々がアートを通じて互いに気づきをもたらす実践となったように思われる。先に見たように、あらゆる人を平等に救いとる仏の「物語」は、死のその先にまで続く死生観によって「生⇔死」の二項対立を解体するのをはじめ、社会とは別の準拠枠を用意することで、年齢・性別・職業といったあらゆる世俗的な枠組みを無効化するものでもあった。人間は無秩序であることに耐えられないが、お寺では阿弥陀仏に見守られているという軸があることによって、一時的にその枠を外してみることが可能となる。お寺に流れる「物語」とキッズ・ミート・アートとの結節点を、ここに見出すことができるだろう。

　またアーティスト側にも、同様に「物語」と関わりを持った形跡が見られる。恒例企画と

なった秋田光彦（大蓮寺・應典院住職）による仏教儀礼ワークショップは典型であるが、たとえば2015年度のアーティスト集団ヒスロムによるプログラムでは、墓地の中から一斉にレース鳩を飛ばすワークショップ、また病気やケガで飛ぶことのできなくなったレース鳩（いつ処分されてもおかしくない存在である）を目の前にして語り合う「てつがく対話」を行い、いずれも鳩を通していのちの重みや美しさを分かち合う機会となった。あるいは2016年度には地蔵菩薩をテーマにした造形・彫刻ワークショップがそれぞれ開催され、とりわけ2017年度には福笑いならぬ「仏笑い」や、「子どもお練り供養」という儀礼的なプログラムが試みられるなど、寺院や仏教のモチーフを直接テーマにしたものも目立った。その他、単に子どもに楽しんでもらうことを超えて、いのちに気づくことを意図したプログラムにはさまざまなものがあり、これらはいずれも非宗教者によるものである以上、やはりお寺の〈アフォーダンス〉から受けた影響は一定のものがあったと考えられるのである。

図4　キッズ・ミート・アート2015での伝書鳩ワークショップの様子

　とはいえ、全体のプログラムをながめてみると、仏教やいのちを扱った企画は部分的なものにとどまるのが現実だ。にもかかわらず、たとえば次のようなコメントが参加者から聞かれたことは興味深い現象だろう。本書所収の佐々木清子のコラムの抜粋で、彼女は次のように感想を語っているのである。「いずれも、子どもも大人も一緒に動き、演奏することで、居合わせた人同士の関係性が、平らになっていくような感覚になりました。この平らな関係を、日常生活に取り入れたいところですが、なかなか難しいものです。」彼女が子どもと一緒に参加した企画はからだや即興音楽に関するものであり、特に仏教やいのちそ

図5　大蓮寺からの放鳩

のものが主題となっているわけではない。しかし、彼女のコメントは「大人⇔子ども」「知人⇔他人」というような既存の枠組みを揺るがす契機を匂わせるものであり、できれば「この平らな関係」を日常にも取り入れてみたいと、その感想を締めくくっている。それは主催者側がコンセプトを存分に表現した成果であるだろうし、また参加者にもお寺の〈アフォーダンス〉が作用したであろうことを汲み取ることもできる。佐々木がお寺であることをどこまで意識していたかは分からないが、場の「物語」は確実に、それに則した方向へと人々とアートを紐づけているのである。

　以上確認したように、主催者・アーティスト・参加者がゆるやかに連関するかたちで、阿弥陀仏と極楽浄土の「物語」は、キッズ・ミート・アートをまとめあげるお寺の〈アフォーダンス〉として機能していたと考えられる。キッズ・ミート・アートが他の「子ども×アート」プログラムにはない価値を備えているとするなら、こうした「物語」の影響を全く除外して考察を進めることはできないだろう。

　さて最後に、本稿で論じた点について主催者のひとりである筆者の反省にも触れておきたい。筆者の反省とは、上述した極楽浄土や阿弥陀仏の「物語」について、他の主催者・アーティスト・参加者のいずれにも積極的に伝えることをしなかった、そのための機会を設けようとしなかったことである。もちろんキッズ・ミート・アートは僧侶の布教の場などではなく、お寺や仏教に対する距離感もさまざまであっていい。逆にいえば、話を聞いたからといってそれをテーマにプログラムづくりをする必要もないのだから、試しにその身

をもって知ってもらえればよかったのではないか。

　これはあくまで筆者が仏教者であるがゆえに感じる個人的反省であり、あえて「物語」を伝えなかったことがプログラム内容の豊富さにつながったと、前向きに評価することもできるだろう。しかし僧侶が「物語」をきちんと伝えなかったことは事実であり、積極的に伝えることを怠った以上、お寺の〈アフォーダンス〉は確かにキッズ・ミート・アートに影響を与えてはいたが、それは「結果的に、ただ、なんとなく、曖昧に」機能していたと言うしかないのが限界でもある。当日を迎えるまで主催者や各アーティストらが意見交換する機会も、当日を終えてから参加者と関わり合う機会も限られていた。本稿で述べたことをまさに現場で感じていた人間もいただろうが、それはおそらく身体感覚においても言語や知識においても「分かる者にしか分からない世界」になっていたのかもしれない。

　2018年度から浄土宗應典院では「終活事業」を活動の中心に据えることとなった。仏教をベースにした幅広い角度から「人生のしまい」を見つめられるよう、参加者それぞれがゆるやかに考えられる機会を創出することが目的であるが、一方で今後のキッズ・ミート・アートでも、子どもたち自身がどのように死生観をとらえているか、アートを媒介にそれを浮き彫りにし、探究を進めるようなプロジェクトを検討している。「子どもの死生観」をメインに据えることで、キッズ・ミート・アートはより應典院における諸活動と通じ合うような、独自の立ち位置を獲得できるにちがいない。お寺における「子ども×アート×死生観」の活動が展開される時、フェスティバルの盛り上がりで参加者にひとときの憩いを与えるだけでなく、「この平らな関係」を日常生活に取り入れるような、その先の関わり方をも提案できるのではないだろうか。

参考文献
釈徹宗『死では終わらない物語について書こうと思う』文藝春秋、2015
佐々木正人『新版 アフォーダンス』岩波書店、2015

column

やけに夕日が美しい

金子リチャード

かねこ・りちゃーど

「おーちーてー」

まだ発語のおぼつかない息子に朝7時に起こされ、パンを食べさせる。

昨日、親戚の法事で飲みすぎた主人はまだベッドの中。

朝食が終わって遊んでほしい欲求のたぎる息子を主人が眠るベッドに放り込み、油汚れの目立つキッチンのコンロに重曹をフリフリ。水を含ませたキッチンペーパーで拭き取る。ピカピカのコンロに心も晴れやか。

ひと昔前にトイレ掃除を奨励する歌が流行ったが、お寺さんに行く、仏さんに会う、というのは、なぜだか少し心が清らかでないといけない気がして。

キッズ・ミート・アート2017というイベントに、2歳になる息子と主人と3人で参加させてもらった。

應典院に来るのはいつぶりだろうか。

かつては月数本の舞台を観劇していた私も、結婚出産を機に年数本ペースになった。

生活というものはただ営むだけで忙しい。

キッズ・ミート・アート2017はサブタイトルに「めぐる〈自然〉・つたわる〈技〉」とある。

仏教では、自然を「じねん」と読み、「自ずから然らしむ」「あるがままの状態」を意味します。

「art（アート）」の語源は、ラテン語の「ars（アルス）」であり、「わざ・手腕・技術・学術・技芸・手仕事」や「技術の理論・法則・手引き」という意味までを含みます。

以上は今回の催しのテーマ（の抜粋）である。

「自然薯のじねんかぁ」なんて、思考の器が平皿のように浅い私であるが、子どもを持つと、"自然と"、身近な自然に気付くようになる。

春は「ちゅーりっぷ」、夏は「せみ」、秋が近づき「たんぼ」が言えるようになり、普段は見逃しがちなそれらの存在を指差しして教えてくれる。

natureは人間と対置するものだが、自然は人間を含むのだと、さっきGoogle先生

が教えてくれた。

　なるほど、自然の中に溶け込んで遊ぶ彼らを見ていると、そうなのだと思える。

　キッズ・ミート・アートには複数のプログラムがあり、各自が選んで参加していくことができる。

　應典院の2階、廊下の奥のスペースで、ピアノとクラリネットのコンサートを聴いた。

　全面ガラス張りの窓からは初秋の青空、生國魂神社の森、そして墓地が見える。

　小学生から赤ん坊まで、椅子に座ったり登ったり、お母さんに抱きついたり、思い思いに過ごしながら始まったコンサートだったが、バス・クラリネットが鳴った瞬間に子どもたちの動きがピタリと止まった。

　理由は大人の私にもわかる。音が身体中に振動として響いてくるのである。特に足の裏から痺れのように上がって来る。

　集中力がウルトラマン並の子どもたちだから、短い一曲が終わらないうちにカラータイマーが鳴ってモゾモゾしだすのだが、アップテンポの曲が始まれば、またリズムに合わせて足をブラブラさせたりする。

　大人たちはと言えば、首を少し傾けたりして、ゆったりと音楽を聴いている。

　「♪エンターテイナー」の軽快なリズムに合わせて、胸に抱く赤子の背をトントンと叩く麦わら帽のお母さん。

　左に顔を向ければ眼下は墓地。

　仕事や育児に追われ、普段は生演奏を聴く機会の稀な大人たちも、死者の隣で心をときめかせる。

　次は併設会場であるパドマ幼稚園へ。

　図書室の前には竹の水路が作られていて、ハスの種を転がして遊ぶことができる。

　子どもたちは靴も服もびちゃびちゃだ。

　図書室にはレールのある積み木を組み立ててビー玉を転がすオモチャがあり、大人も子どもも夢中になっていた。いや、むしろ大人の方が、かもしれない。

　幼稚園の教室は飲食可の休憩室として開放されている。幼稚園の見学がてら参加している地域の親子もいるようだ。

昼食は、食の安全にこだわった炊き込みご飯の焼きおにぎりと、パドマ幼稚園給食室からやってきたお惣菜、子どもでも食べられるグリーン・カレー。
　どれもヘルシーでしっかり美味しい。
　家計を預かる身としてはおにぎりがコンビニより高いことに驚いたのだが、今日の食の安全はそうでないものに比べて手間暇、すなわちコストがかかるのだろう。
　じゃあ、お金のない人は？　とかねてからの疑問が頭をもたげるが、それは別の機会に考えることにする。
　お寺の本堂では、住職と副住職による「親子声明（しょうみょう）」に参加した。
　礼拝にも作法や型があり、お念仏の息つぎや節もそのひとつなのだそう。仏教を信仰することは「帰依（きえ）」という。
　まずは、南無阿弥陀仏を10回唱える「同唱十念」を唱え、次にお寺で使われる楽器の体験コーナーへ。
　たぶん子どもたちは最初から前に並べられた面白そうな楽器しか見ていないし、我が子も欲望のままに鐘に突進しようとしている。（こちとら押さえるのに必死だ）
　木魚やドラ、カイシャク（拍子木）など普段は叩くことのできない楽器を子どもたちは小さな手で叩いてみる。自分の手よりも顔よりもずいぶん大きくて重い。
　五体投地も全員で体験した。念仏を唱えながら、両膝と両肘と額の5箇所を地につける（地に体を投げ出す）ので五体投地なのだそうだ。言葉は知っていたが、実際にやってみるとゆっくり伏せる・立つを繰り返す全身運動なので数回で息が切れた。信仰以前に何とかしなければならない問題が色々あることに気付く。

　最後はお焼香の作法。大人と呼ばれてしばらく経つが、親指と人差し指と中指の3本でつまむのが正しいと初めて知った。
　昨日の法事では2本指でつまんでしまった。いつか子どもがわかるようになってきたら、正しい作法を教えてやろう。
　まだまだ毎日新しいことを見聞きして生きている子どもたちは、今日のことをすぐに忘れてしまうと思う。
　でも、覚えているか・いないかは大事じゃない。
　大事なのは体験したかどうかではなかろうか。
　バス・クラリネットの音が体に響くこと。
　ハスの種が大きくて固いこと。
　ビー玉がレールに沿って転がること。
　暗闇や影が怖いこと。
　ドラを叩いた手が痺れること。
　お坊さんの不思議な歌や焼香の匂い。
　体験は全て気づきにつながり、学びになるのだから。
　そんなことを考えながら帰路に着く頃、はやばやと息子は夢の中。
　傾き始めた夕焼けに照らされて、私は今晩のおかずのことを、主人は明日の仕事のことを考えている。
　生活はただ営むだけで忙しいが、お寺や劇場という非日常的な空間に足を踏み入れることは、子どもに新しい体験を与え、大人の日々の営みを少しだけ彩ってくれると信じている。

column

色と墨と熱量と

中井敦子

なかい・あつこ

　床いっぱいに広がった和紙。白い川のようにも、長い道のようにも見えるその和紙に、そのすべすべざらざらとした質感に手を伸ばし、からだごとすーっと滑らせたり、ぱしんぱしんと叩いてみたり、転がったり。描く前に自然と"触れてみる"子どもたちの一瞬しんとするほど、その真剣な表情から始まりました。

　そして描く、描く、はみ出る、全身でのペインティング！　墨と、三原色を基本とした絵の具が、混然一体となっていくのに時間はかかりませんでした。ある場所で黙々と塗り続ける人あり、用意していたこ

とばの手がかりを読みながら歩きながら描く人あり、自分の肌に塗ることに夢中になる人あり。

　カメラマンさんが"熱量がすごい"とおっしゃっていたけれど、まさしく子どもたちの嬉々として、墨と絵の具にまみれていく、どこまでも走りながら、そして座り込みながら、ただただまみれていくというような姿の痕跡が残る絵巻になりました。自分の線と色とかたちが、いつのまにか、どうしても他の誰かのそれらと混じりあっていったり交差したり関わりあう、その軌跡でもあるように見えました。

　このワークショップのタイトルは"山あり川ありお家あり"だったけれど、そんな小綺麗そうなものは残らず、ただただ子どもたちの熱量のグラフが山あり谷あり海ありと、記録されたような熱い感じの絵巻となったことは、ふしぎなほど爽快なものでもあったような気がします。

　1日目の朝。墓地からレース鳩たちを飛ばした瞬間を、わたしは気づきの広場で見

ていました。空へと飛び立った鳩たちの行方はわたしの位置からはすぐに見えなくなったのに、みなさんの頭の動きがそろって同じ方角を見ながら鳩たちの動きを追って同じように動いているのはよく見えて、「あぁ鳩たちはあっちの方へ飛んでいったんだなぁ」ということが伝わりました。それは動きだけが見える、静かなサイレントの時間でもあって、それぞれの人がそれぞれに立ちながら一緒に同じものを眺めている姿が、なんだかしーんと感動するものでありました。この一種静けさの時間があり、そして混沌とにぎやかな色と墨と声の踊る時間がどちらもあるということ。

そういえばこのキッズ・ミート・アート2015のすてきなコピーは「いろがうごく、ことばがざらつく、おとがみえる」。わぁ、ほんとにそんな感じだったなぁ。

チラシの表紙の幾つものいろんな色玉たちの、ざわめきながら、ぶつかり合いながらもすーいすいと動いていくような姿が、そのまま、この２日間を遊び楽しんで動いている子どもたちや大人たちの姿に重なりました。

気持ちがいいこと、すっきりするまで何かすること、その間には何かにまみれて、静けさと賑やかさも一緒くたにあるままで動くこと。そういうシンプルなことがわたしには残ったように思います。

お寺という空間で、大学や幼稚園と連携して子どものアートに取り組む意味
―― 應典院のスタッフの想い ――

齋藤佳津子

――実際、キッズ・ミート・アートをアーティストと準備する時は「一種の修行」だ。こちらの時間軸や価値観や感性や考え方を一旦「否定」されることもあるし、長い対話が必要となることもある。そこを寛容な姿勢で、どう一緒に創りあげるのか、ということを抜かしてしまうことは、プログラムの崩壊につながるのである。

齋藤佳津子 さいとう・かつこ
應典院・パドマ幼稚園主査。1992年に米国大学院でNPO/NGOの運営学について学んだ後、国際NGOに15年勤務。親子の育ちと遊びのプログラムの企画運営に携わる。2006年より京都女子大学大学院後期博士課程にて、子育て支援の研究を行う。2012年より應典院に勤務。

V お寺という空間で、大学や幼稚園と連携して子どものアートに取り組む意味
―― 應典院のスタッフの想い ――

齋藤佳津子

さいとう・かつこ

　「アートと子どもが出会い、すれ違うようなプログラムを、是非とも大学とお寺と幼稚園で開催しましょう」と、当時大阪城南女子短期大学の弘田陽介と秋田光彦住職 (パドマ幼稚園園長) が意気揚々と話し合われ、應典院のスタッフの小林瑠音と筆者がまだまだ寒い2013年の冬の時期に会議をしたことで、当プロジェクトが開始した。應典院は1997年に再建された地域に市民に広く開いたお寺として、演劇やアート、そして、教育の現場で、固有の役割を担ってきたが、実は過去を通じてみると、「子ども」対象のプログラムを連続して開催した経験はかなり少なかった。2013年4月19日に行われた2回目の会議録を紐解くと、大学の教員と應典院の職員が共に同じテーブルで、「子どものためのアートとは何か？　を問い直すための芸術家によるコンサートおよびワークショップ」をコンセプトとしつつ、課題として、会議中に上げられたのは、「子ども×アート (またはアーツなのか？) とはいったいどのような概念なのか？　それを教育機関 (幼稚園や幼児教育を研究する大学) はどのように捉えた結果が今回のキッズ・ミート・アートの企画になるかを丁寧に掘り下げる必要がある。」と書かれているように、子どもとアートの企画を教育機関がどのように捉えて、お寺と協働するのかが鍵になっていた。

図1　キッズ・ミート・アート2013　應典院インターン学生による看板

図2・3　ボランティアスタッフたちによる受付の場面

　まず、第1回目となる2013年度のキッズ・ミート・アートのプログラムは、弘田陽介の紹介で、様々な領域のアーティストの方々に登場頂いた。所謂、現代美術の作家であるゲストの多くの方たちは、「子ども向き」や「子ども対象」のワークショップやプログラムの経験は全くない。スタッフであった小林と齋藤は、「初めての経験で大丈夫だろうか？」と少々心配しながら当日を迎えたことは記憶に新しい。しかし、「子どもとアート」に対して、無垢な感性を持つアーティストの方たちから発せられる思いや言葉や表現に息を飲んだ。それは、子どもに何かを「教える」という行為や、技を「伝える」というような、大人の勝手な上からの目線ではなく、あくまでも主体性を持った一個人としての「子ども」を水平的な関係に捉えていく姿に、自分自身が持つ「子どもとアート」という世界をある意味低く見積もってきたことへの懺悔が湧きおこり、アーティストたちの持つ世界観に圧倒されたことを今でも良く覚えている。子どもたちは、自分たちの日常生活には居ない、異界から来た「マレビト／まれびと」[*1]であるアーティストと出会った時に、狼狽え、黙りこくり、硬直して隠れたり、泣いたりしたり……あらゆる「すれ違い」や「ズレ」を経験した。しかし、時間の経過に伴い、そのアーティストの佇まいや、そこから繰り広げられる表現に、五感が反応して、自然に身体が動いたり、手に持った筆や、手足に付けた絵の具を「道具」にして、また、身体全体を楽器のように打ち鳴らしたりして、表現の面白さに目覚めていく様を見て大きな衝撃を受けた。

図4・5　キッズ・ミート・アート2017「子どもお練り供養〜二十五菩薩さんはヒーローだ〜」における田中やんぷ

齋藤佳津子

図6　キッズ・ミート・アート2013　松井智惠「色いろことばとおうてんいん」

図7　キッズ・ミート・アート2017　赤座雅子「お店屋さんをつくろう！〜カンタン！飛び出す紙工作〜」

　筆者は前職で「子ども」や「子育て支援」のプログラムを15年行ってきたという経験があったからこそ、子どもとアートについては、これが経験として良いと思っているものもあり、子どもたちからこんな反応が返ってきたら、このプログラムは成功である、というような一種「独善的」な物差しを持っていたが、この「すれ違い」の経験は、それらがすべて吹き飛ぶような感覚だった。子どもが日常に出会ったこともない「アート」と出会った時に放たれる感覚から、子どもが（いや、大人も）本来、心の奥底に持っている「表現」を引き出すことができるという思いから、2013年以降のアート・プログラムを應典院で考える時に、「子どもと出会ったことのない」または、「子どもとのすれ違い」が起こることを予期させるような、アーティストたちとの関係をスタッフとともに紡ぎ、探していく時間となった。

　他所の子ども向きアート・プログラムでは、出会うことのないようなアーティストの方たちを積極的にお招きした。服装や佇まいからして、「異形の相」を成した彼らたちとの邂逅は、子どもだけでなく同伴した大人も驚くことがあったろう。例えば、2015年では「伝書鳩」をお墓で放鳥したワークショップや展示を行ったヒスロム*2という若手のアーティスト3人組。2017年は、ご当地ヒーローのコスチューム作りのワークショップを開催している田中やんぶ*3を招いた。和装、長髪、髯、と今まで見たこともないような恰好をしたアーティストと一緒に、仏の道へと救ってくれる二十五菩薩の仏＝ヒーローを作り、住職、副住職と念仏を唱えながら歩いた「子どもお練り供養」のパレードは圧巻だった。また、同年には、新潟県糸魚川流域で21世紀型縄文人生活をしている山田修から、生活に欠かせない技を見せてもらったり、自然の造形物から出来た楽器作りを体験してもらうなど、「縄文時間」をたっぷり過ごした。

　その中で感じたことをキーワードとしてまとめ、2015年5月に行われた、日本保育学会の自主シンポジウム「アートと子どもの出会いとすれ違い」の中で報告した。筆者とアートディレクターの小林瑠音とが纏めた当時の資料から紐解いてみると、まず、キッズ・ミート・アートで大切にしていることは、「1.目的やねらいをあえて持たないこと、2.どう感じ

るかは『どうぞお任せします』というスタンスを持つこと、3.すれ違い、断絶、逸脱をも大事にすること」と纏めている。また、アーティストの日常である「制作活動、展示や公演」というものと、子どもの日常の「遊びや戯れ」の様子を互いに交流・交歓することは「異日常」[*4]を産み、相互に新たな発見があることに意義があることを提示している。また、異界から来るアーティストは「マレビト／まれびと」として、触媒者としての子どもの表現を根底から揺さぶる絶対的な他者として存在していることなどを報告した。現代社会の中で学校などの「教育機関」とは違う、お寺で行うアートプログラムの場としては、「違う価値観を寛容に受け止め、同化ではなく、異化することを大切にし、自己・他者の関係を再発見すること」に意味があるのではないかと意味づけた。

図8　キッズ・ミート・アート2013　即興楽団UDje( )のワークショップ

「児童文化」という窓から見たキッズ・ミート・アート

　このように、保育の外のアートを徹底して探究してきたキッズ・ミート・アートだが、筆者は大学の非常勤で「児童文化環境論」の講座を担当しているものとして、また、別の窓からこれらのアートプログラムを見つめてきた。実は「児童文化」という言葉は「子どもをとりまくあらゆる文化状況を意味する統一的な概念である」とされているので、このキッズ・ミート・アートというプログラムも「児童文化」の内にあるともいえる。子どもの文化を統一的に捉えるような言葉は諸外国では見当たらないことから、概念そのものが日本独特のものであるとも考えられているのは大変興味深い。「児童文化」という言葉の初出は大正期であると言われているが、言葉の成立に関して、その経過を辿ると、明治末期から大正期にか

けてデモクラシーとともに広まった自由主義と、エレン・ケイの『児童の世紀』を契機とした児童中心主義による新教育運動や、雑誌『赤い鳥』に見られる児童文学運動や自由画教育運動をはじめとする芸術教育運動にその端緒が見いだされると川勝泰介は纏めている[*5]。

　これらの「児童文化」の運動が戦後さらに高まりを見せ、特に児童自由画の芸術教育運動などが、画一的で形式的な学校教育への批判をしつつ、展開した経緯もあり、その当時の児童文化の概念の中には、学校教育の批判を込めて「学校外の場にあるもの」と定義づけをすることにもなっていった。ピアジェの発達心理学を日本に紹介した心理学者でもあり、戦前戦後の児童文化や教育に対しても、様々な実践や研究者への影響を与えた、お茶の水女子大学の学長でもあった波多野完治が、昭和36年ごろの回想録で、児童文化を学校外の場での「教育と児童文化のスレチガイ戦法」[*6]という言葉で活動を提示していることについて、川勝は、「その当時において、国家によって維持されている学校教育を正面きって批判することは困難」と述べているように、波多野は学校批判ではなく、このように学校外の場を子どもたちに担保することで、児童文化を新しい局面に高めようとしていた。それは、波多野が「児童文化の理論家の活動が、日常的なものに目をうばわれて、もっと抽象的な高次の世界をみることをおこたっているのが、わたしは、いろんな混乱のはじまりだ、とおもう」と指摘していることに顕著に表れている[*7]。

　この文章に出会った時、筆者はこのキッズ・ミート・アートが「抽象的な高次の世界をみること」に長けている場でもあり、世界観でもあると感じたのである。それは、決して教育機関ではなく、〈おてら〉がもつ見えない死生の世界に蠢き合う何かが、自発的、自然発生的にそうさせているのではないかとも思ったのである。
　先に述べたアーティストのヒスロムが、本来は処分される「飛べない伝書鳩」を持ってきて、「この子たちの命について、子どもたちと考えるようなアート活動をしたい」と言ってきた時にも、そのことを強く感じたし、次節で示す、経験としては1年や2年という應典院のスタッフたちの「語り」の中にもそのようなことが多く表れている。

若いスタッフから見たキッズ・ミート・アート

　子どもを胎内に携えて、育児休暇を取得する前にキッズ・ミート・アートをスタッフとして体験して、復帰した沖田都の感想の語りは以下の通りである。

　　　キッズ・ミート・アートには、風を感じます。ものづくりや、身体ワークショップ、書道や音楽の時間、文字に並べると、よくあるアート・プログラムのようですが、なんとも言えない空気感が漂っているといつも思います。余白とも余韻とも言えるのかもしれません。居心地のよい、まろやかな風、そんな"なにか"がキッズ・ミート・アー

トにはあるのです。

　以前、弘田先生にインタビューをしたことがあります。いちばん心に残っているのは「アートは底なし沼」というお話。様々な出会いから、つい手を出してしまって、気づくと抜け出せなくなっているという経験をお持ちの方も多いのではないでしょうか。私は、このような経験こそが、人を強く優しく育てると思っています。

　また、キッズ・ミート・アートに関わって、アーティストとはどんな人のことを指すのか、改めて考えるきっかけをいただきました。豊かな表現者であることはもちろんですが、アーティストはそればかりではないと気づかされたのです。湖のほとりで自然と共生し自給自足をしている人、縄文時代の暮らしを実践している人、探究する面白さを子どもと考えてとことん遊ぶ人など、生き様そのものが滲み出ている人がいます。会えばわかる、その凄さに、可笑しさに。そして、そんなアーティストと子どもを出会わせようというのがキッズ・ミート・アートです。

　個人的なことですが、2016年から3年間スタッフとして関わらせていただき、その間に私は出産しました。命の重みを知ってから、世の中が違って見えます。自ずと考え、周囲と協力しなければ進めませんし、自分の感情や健康に向き合わなければすぐにボロボロになってしまいます。何より愛しさがこみ上げてきます。毎日を噛み締めて生きている感じです。子どもは、存在そのものが表現の塊であり、知恵の始まりだと私は思います。いわば「子どもは底なし沼」ではないでしょうか。

　キッズ・ミート・アートは、沼と沼が出会い、これはもうひっくり返って楽しむしかない時間です。その場にいるアーティストも子どもも、連れてきただけだったはずの大人も、いつの間にか自身のこだわりを持って、表現に没頭してしまいます。答えもなければ、決まりもない。そこにスタッフとして関わらせていただいている身としては、お寺という安心感に包まれた、幾層にも重なって気づきを得ることのできる人生の修行の場なのです。

　沖田は「風」を感じると表現し、何とも言えない「空気感が漂っている」と表現した。風や空気感は見えないものであるが、そこに滞留していないと、表現の世界は存在しないのかもしれない。また、お寺という安心感に包まれた場で行う「人生の修行の場」であるとも言及している。実際、キッズ・ミート・アートをアーティストと準備する時は「一種の修行」だ。こちらの時間軸や価値観や感性や考え方を一旦「否定」されることもあるし、長い対話が必要となることもある。そこを寛容な姿勢で、どう一緒に創りあげるのか、ということを抜かしてしまうことは、プログラムの崩壊につながるのである。

　また、2017年度の夏から應典院に入り、自ら劇団の作演出も行う繁澤邦明の感想も非常に独自の世界観から感じたことを述べている。

　　キッズ・ミート・アート。子どもたちが、お寺や幼稚園を舞台に、アートと出会う。

齋藤佳津子

子どもたちがアートを見つめるその眼差しとともに、もうひとつ確かに存在している眼差し。それは、お父さんやお母さん、お爺ちゃんやお婆ちゃん、つまりはご家族からの眼差しです。
　例えば、本堂でおこなわれたお坊さんの紙芝居。子どもたちは、時に笑いながら、時に怖がりながら、夢中で熱演と物語の行く末を見つめています。そして、その子どもたちの様子を、ご家族の方々は暖かく見つめています。
　アートは時に、「異形の存在」として子どもたちの前に存在しているように感じます。純粋な見た目としての不思議さや怖さもさることながら、普段の生活では出会うことのない「理解不能」な他者として、時にアートは子どもたちの前に存在します。アートからも、自分は見つめられている。子どもたちは、ある種直感的に、そのことに気づいているように思われます。その瞬間は、もしかしたら子どもたちにとって、たまらなく「孤独」を痛感する瞬間なのかもしれません。キッズ・ミート・アートは、もちろん笑顔や歓声が飛び交う空間が多くはありますが、時々たまに、泣き声や不安な様子も、確かに見受けられるのです。
　笑顔も泣き顔も経て、子どもたちはご家族のもとに帰って行きます。言葉になる感想も言葉にならない感想もふまえて、子どもたちは信頼できるご家族との時間に帰ります。「孤独」を痛感する機会としてのアートとの出会いは、その後の「繋がり」としてのご家族との再会と、確かに繋がっているのです。
　そのような「出会い直しの作業」としてのキッズ・ミート・アートが、決して商業的な空間ではない、許された場所としての「お寺」でおこなわれていること。その懐の深さや絶対的なあたたかみこそが、この催しの大きな存在意義なのではないかと、感じています。

　繁澤も沖田も同様に、見えないもの——「眼差し」や「孤独を痛感すること」や、「繋がり」——というキーワードでキッズ・ミート・アートを語っている。また、最後は家族との再会の「出会い直しの作業」であり、サービス優先の商業空間ではない、圧倒的な歴史の中で、生死を見続けてきたお寺の「絶対的なあたたかみ」がこのプログラムの存在意義であると言及している。これらの言葉の根底には、別章の秋田光軌も明らかにしているが、人とお寺がもつ〈アフォーダンス〉とは一体どんなものなのか、という問いがある。このような問いから、子どもを中心に、大人たちがアートを媒介に蠢いていく中で、應典院ならではの「児童文化」の環境が必然的に表れてくるのではないだろうか。その環境に、子どもと保護者世代ではなく、祖父母世代をも巻き込み、さらに今生きている人だけでない、死者の眼差しを含めて新たなキッズ・ミート・アートの展望を目論んでいる。

図9　キッズ・ミート・アート2013　トークの後の展覧会　　　　　　　図10　六地蔵食堂に出店の皆さん

註
- *1 「稀に来る人」という珍客を語源とする、神または聖なる人を意味する用語。民俗学者の折口信夫（1887-1953）が提唱した概念で、常世の国からくるものをまれびとと呼んだ民間伝承がその基にある。折口信夫「国文学の発生（第三稿）―まれびとの意義」『折口信夫全集第一巻』中央公論社、1965、3-62頁
- *2 加藤至・星野文紀・吉田祐によるアーティスト・コレクティブ。2014年に應典院にて展覧会『大家さんの伝書鳩』を開催。キッズ・ミート・アート2015ではレース鳩を飛ばすワークショップとともに、飛べないレース鳩について考える会を企画した。
- *3 田中やんぶ　A-yan!!関西をアートで盛り上げるNPO代表／コミュニケーションアーティスト・役者。「みんなでオモロイコトを楽しむ」を合言葉に地域、町会や行政、企業を問わずアートというより「オモロイコト」「けったいな事」で多くの人を巻き込み大阪を盛り上げる活動を展開中。主な活動に「顔出しかんばんアートプロジェクト」、子どもたちが考え作り演じる「最恐おばけ屋敷」、大阪ご当地ヒーロー「アート戦士エーヤンダー5」など。(『社会のためのアート』を知ろう　大阪自由都市、大阪　URL: http://bjto.osaka-artscouncil.jp/connect/1313.html)
- *4 異日常とは旅行関係で用いられる用語。JTIC・SWISS代表の山田桂一郎氏と富山県の石井隆一知事の対談の中で、山田氏は、「お客様を惹き付ける要因は、『非日常性』よりも、自分の生活とは異なる日常『異日常性』の豊かさ」と言及。『とやま日季』2012年冬号
- *5 川勝泰介『児童文化学研究序説』千手閣、1999、1-5頁
- *6 波多野完治『子どもの生活と文化』弘文堂、1961、7-8頁
- *7 波多野、前掲書、11-12頁

齋藤佳津子

interview

枠の外にあるもの、異領域とのつながりを大切にしたい

齋藤佳津子
さいとう・かつこ

インタビュアー・撮影者：金輪際セメ子
（株式会社シカトキノコ）

「保育の外」にあるアートとは。

── まず齋藤さんが関わっておられるキッズ・ミート・アートの概要と、始まったきっかけをお聞きしたいです。

　キッズ・ミート・アートは、「子どもと大人が一緒に楽しむ創造の場」をテーマに開催しているアート・フェスティバルです。應典院と大蓮寺、應典院が運営するパドマ幼稚園を舞台に、芸術家によるパフォーマンスやワークショップを行います。1回目を開催したのは2013年8月でした。当時大阪城南女子短期大学におられた弘田陽介先生から、「保育の外のアート」をやりたいというお話があったことがきっかけです。幼稚園や保育園でも絵画や造形などのアートは行われていますが、もっと地域の人が関わって、子どもとつくるアートができないだろうかということで。1回目は「表現の道具箱」というタイトルのもと、身体表現から映像、絵画、ものづくりなど約15プログラムをおこないました。そして2017年まで、5回を開催しています。

── 「保育の外にあるアート」というのは興味深いですね。実際に開催されて、どのような発見がありましたか？

　プログラムを行う中で、3つの枠を外す試みをしていることに気づ

きました。ひとつは年齢の枠。保育園や幼稚園の要領には、何歳児はこれをするというように決められているのですが、キッズ・ミート・アートのワークショップは、年齢制限を設けませんでした。2歳くらいから小学校高学年まで、同じ場所で同じものを一緒に体験します。

　もうひとつは、子どもと大人の枠。ライブ・ペインティングをしたときに、お父さんたちがすごく真剣だったのです。子どもを対象にしたプログラムですが、大人が必死になっているのを子どもが見ることで相乗効果が生まれるというか。子どもより楽しんでいるお父さんもいましたよ(笑)。

「キッズ・ミート・アート」の取り組みは、2014年の日本保育学会でも発表された。

　あとは、教育の枠ですね。学校では絶対できないようなプログラムにチャレンジしました。他の子どものプログラムでも、例えば、「お母さんいつも勉強、勉強って言う」「弟にばっかり優しい」など家族への文句をたくさん書き出して、それをコントユニットの講師と一緒に、コメディにして笑い飛ばそう！　という試みもしました。親には到底聞かせられないようなものがたくさんあって、でもそれを子ども自身が表現で伝えることの面白さがありました。

―― 子どもたちにとっては、ふだん学校や保育園・幼稚園で体験するのとは全く違うアートの体験だったでしょうね。

　そうですね。そして反対に、アーティストが子どもの反応から知る・学ぶことも多くありました。こちらの思惑を全て壊してくれるのが子どもです。すごく自由な発想や表現が生まれて、大人の想像をはるかに超えてくれて面白かったです。私たちが難しいんじゃないか、怖がるんじゃないかと心配したプログラムも、予想以上に楽しんでくれました。子どもの日常はアーティストにとっては非日常、アーティストの日常は子どもにとっては非日常です。お互い非日常の中で、それぞれ感じること、思うことは大いにあったと思います。

すれ違いや断絶、逸脱も大切にしたい。

―― キッズ・ミート・アートを開催する上で、大切にしていることはなんですか？

　目的や狙いをあえて持たないこと、です。これは5年間ずっと変わっていません。アーティストに時間と空間をわたして、その中で自由に活動をしてもらっています。つい幼稚園や保育園の先生は「この造形は子どもがはさみを上手に使えるようになるため」「この活動はこ

齋藤佳津子

ういう表現を生むため」と考えがちなのですが、場があって、人がいて、そこで子どもたちが何をどう感じるかは、その子次第です。ノイズを集めたコンサートも、面白がる子がいて、全然わからない子もいました。でもそれでもいいんです、ネガティブな感情も否定しない。学校教育の中では難しいですが、すれ違いや断絶、逸脱も大切にしたいと思っています。

──学校とは全く違う「教育」の場なのですね。
　保育や教育の場では、同化することが求められがちです。日本人は「みんなと一緒が安心」という傾向が強いですし、子どもも「みんなのやっていることが普通」と思ったり、お母さんも「うちの子だけみんなと違う」とかよく気にしますよね。でも保育の外のアートは、違う価値観を受け入れたり、認めたり、異化していくことを大切にしています。同化する日本的な社会にあって、異化していくことがどういう意味を持っているのか、を意識しています。要は「なんでもいいよ」ということなんですよ。どう感じるかも自由。みんながわかって、みんなで楽しんでイェーイ！　にならなくても良いと思って続けてきました。

──みんなと同じでなくてもいいという経験は、子どもにとって非常に重要な気がします。アーティストやプログラムを選定する上で、意識されていることはありますか？
　お寺で開催するからには、子どもたちにも自分の命や死に対して考える機会になればと思っていて、意識的にそういうプログラムも入れています。アーティストは、テーマに合わせてこの人にお願いしようかな、という感じで私やスタッフが声をかけています。アーティスト側もお寺でやることの意味を感じて、そこに寄せたプログラムを企画してくれます。2017年は5回目にして初めて、意図的に仏教を前面に打ち出しました。竹や蓮の花、実を使ったインスタレーションのほかに、子どもお練り供養、仏笑い、親子声明などを行いました。DNAに組み込まれているのか、お念仏が流れると不思議と子どもたちもシャンとするんですよ。

──まちとの関わりについては、何か変化がありましたか？
　年々、地域の方の参加が増えていることでしょうか。最初は動員にも苦労して、7割くらいはパドマ幼稚園の関係の方でしたが、近年は8月になったらキッズ・ミート・アートがあるというのが浸透してきて

います。パドマ幼稚園と應典院が連携して地域に開いていく、まちのいろいろなものと混じり合いながら学びの物語をつくっていくという想いが、少しずつ形になってきているように思います。

アーティストと子どもの掛け合わせは面白い。

——齋藤さんはもともと應典院にいらっしゃったんですか？
　京都にある、社会福祉や外国人福祉、子育て支援などを行う国際NGOに勤めていました。2012年度に應典院に来てから、幼稚園の事業やキッズ・ミート・アートに関わるようになりました。

——應典院に来られた翌年からキッズ・ミート・アートが始まったんですね。これまでに、アートに関わってこられたご経験があったのですか？
　国際NGOの中で、子どもの英語とアートのプログラムのディレクターをしていました。ふつうの英語教室では面白くないので、外国人のアーティストと一緒にアートを作るプログラムです。幼稚園から中学2年生までずっと参加してくれた子がいたり、15年続く長寿プログラムに成長しました。

——そういったご経験もあっての、キッズ・ミート・アートだったのですね。
　そうですね。アーティストと子どもの掛け合わせで生まれる面白さは実感していましたし、それが異文化や多文化であればもっと面白いので、次はそういうことをしてみたいと思っています。

大阪のアートシーンは、異領域との連携をもっと。

——齋藤さんのこれからの夢や、キッズ・ミート・アートの展望などをお聞かせください。
　先ほどお話したように、外国人アーティストと子どものプログラムをキッズ・ミート・アートでやってみたいと思っています。ただ大阪にいる外国人のアーティストを私があまり知らないので……。京都はコミュニティが小さいので、声をかけると複数のアーティストさんがやりたいと集まってくれたのですが。

パドマ幼稚園のパンフレット、2013年度アニュアル・レポート「まちとお寺と幼稚園」、キッズ・ミート・アート2017のパンフレット

本堂はホール仕様。演劇の公演のほか、映画の上映や講演会、演奏会などさまざまな催しが行われている。

齋藤佳津子

向かって右は、應典院の主幹を務める秋田光軌さん。2017年のキッズ・ミート・アートでは「親子声明」のプログラムを行った。

―― 大阪と京都で、違いを感じる部分は多くありますか？

　大阪は、アートというジャンルの中での越境はすごく進んでいる印象です。ただ、教育や福祉など、異なる領域に超えていくことが少ないように思います。キッズ・ミート・アートを始めた当初は、子どものためのプログラムを実践してくれるアーティストを探すのも難しかったですね。大阪はまちのサイズが大きすぎて、つながりにくいのかもしれません。そこをつなげるコーディネーターが生まれるか、既につなげる活動をしている人が表に出てくると、大阪はもっと面白くなると思います。

―― 大阪は、アートと異領域との連携や協働が少ないのですね。

　異領域と関わるということは我慢や寛容の精神が必要で、自分たちの領域の中だけでやっている方が簡単です。でも自分たちがやっていることを、どうやって違う領域の人にわかってもらえるかは、非常に大切なこと。芝居やワークショップを開催している應典院も、お寺業界からするとかなり異端です。だからこそ理解してもらえる努力はずっと続けています。お寺として我々が何をしているのかっていうところをしっかりと伝えないといけないっていう部分もあって、同じ領域の中でも変わったことをしているので、そこに対する説明とか、理解を求めていくこととか。

―― キッズ・ミート・アートは、お寺、幼稚園、アート、異領域を横断した取り組みだと思います。

　現在のお寺は法事やお参りに行く場所と認識されていますが、中世のお寺は芸能が生まれる場所であったり、福祉や教育を担う場所でもありました。私は現代的なアレンジをしながら、お寺を市民の場として取り戻していくことが應典院の大きな使命だと思っています。また芸術や文化は、もともと祈りや鎮魂から発祥してきたものが多いと考えています。表面的な美しさや面白さではなく、他者に対して死を媒介に、作らざるを得ないものというか。命や死と切り離せないものだからこそ、お寺でアートをする意味があるのかな、とも思っています。

「『社会のためのアート』を知ろう　文化自由都市」大阪HPより転載

interview　音楽を通して新しいものが生まれてくる場に立ち会いたい

野村 誠
のむら・まこと

文責：秋田光軌

**音楽の概念を更新しつづける作曲家が、
これまで歩んできた道程を振り返る。**

ライブやワークショップのみならず、NHK「あいのて」出演や日本センチュリー交響楽団コミュニティ・プログラム・ディレクターなど、多方面で活躍されている作曲家・野村誠さん。キッズ・ミート・アート2015ではパドマ幼稚園を会場にして、野村さんを中心に広がる即興音楽の渦に誰もが惹き込まれた。音楽の力で多くの人を揺り動かす、そのエネルギーの源について伺った。

「小学校3年生の時、ピアノの先生にバルトークの音楽を聞かせてもらいました。バルトークは100年前のハンガリーの作曲家で、周縁の地方の民謡を採集し、作曲に応用した人です。自分もこんな音楽がしたいと影響されて、勝手に作曲をはじめていました。高校生になり、音大受験のためにある先生に会いに行ったのですが、『先生に直されたことをそのまま直してたら一流にはなれない』と言われ、だったら独学でやろうと音大には進学しませんでした。」

その後、大学で結成したバンドのCDデビューを経て、1994年に単身イギリスに滞在する。

「バブル期のクレイジーな音楽業界を見てうんざりしたんです(笑)。その頃から子どもと音楽がしたいという構想はありましたが、当時の日本でそんなことをやれる環境はなかった。一方、イギリスでは学校での音楽教育が全盛で、それで食べている音楽家がたくさんいたんです。ただ実際行ってみたら、過去にやったものの焼きなおしで、半分死んでいる現場もありました。これをやれば音楽教育として形になるというだけで、誰もそこに喜びや驚きを持っていない。そんな中で、僕も子どもたちに曲を書いたり、本当に面白いと思うことを試みていました。」

帰国後、国内で子どもとのワークショップを本格的に展開しはじめる。

「NPO『芸術家と子どもたち』を立ち上げて、最初に授業の場でやらせてもらったのが2000年です。その時はよほど珍しかったのか、120人も見学者が来ました。ここ15年で、日本も以前のイギリスの雰囲気に近づいてきましたね。僕自身は、音楽を通して新しいものが生まれてくる場に立ち会いたいという想いがあります。子どもがどんな音を出すか、これから何が起きるのか分からない。そこに一緒に立ち会うことは、すごく素敵なことだと思っています。」

キッズ・ミート・アートについては、さらなる可能性を感じるという。

「今回やってみて分かったのは、あんなに幼稚園の先生が参加してくれるんだということ。皆さん、楽しみにしてました！　と言ってくれるし。事前に先生たちと準備しておけば、子どもたちが先生と一緒に演奏する演目もつくれますし、別の枠でチームごとに楽器をつくることもできる。キッズ・ミート・アートの他企画はあまり見れなかったですが、声明ワークショップも面白かったですね。ほとんど説明もないのに、参加者が歌っていて(笑)。」

最後に今後挑戦したいことを伺ったところ、意外な答えが返ってきた。

「今は中国語を勉強したいと思っています。中国の人を悪く思わせる情報が、日本の色んなところにある気がしていて。アートをやっている人間として、世間のおかしな風向きとは逆に進みたいと思っています。観光に来ている人と会ったら、ひと言でも話しかけたい。中国語ってとても音楽的じゃないですか。その感性を作曲に取り入れていきたいです。」

應典院ニューズレター「サリュ」vol.100（2015年11・12月号）より抜粋

VI

子どもの造形過程における夢中とフロー体験

栗山 誠

――私たちは素材の情報を読み取ったり知覚したりする中で、感情さえも揺さぶられ、次にどのようにアクションを起こすかの方向性が定まってくる。こうしたものとの対話の中で、自分とものとの境目が薄れていき一体となる感覚を体験することがある。活動中の「もの」は、客観的な「もの」ではなくなり、行為と同時に変化し続ける「もの」は意識と融合しているかのようである。

栗山 誠　くりやま・まこと
関西学院大学教授。子どもの造形ワークショップを各地で展開中。専門は子どもの造形あそび、描画表現、居場所研究など。著書は『描画を楽しむ教材と実践の工夫』『子どもを夢中にする環境と教材の工夫』など。2013年美術教育学賞受賞。

VI 子どもの造形過程における夢中とフロー体験

栗山 誠

くりやま・まこと

1. 関心と目的

　子どもが何かを描いたり作ったりする活動や、もの（素材や材料）に感覚的に関わる遊びを観察していると、しばしば目の前の物事に心を奪われて我を忘れているかのような様子がみられる。周囲の人が呼びかけても気にかけず、黙々と活動に没頭している。こうした状況は「夢中になる」という言葉で表されるが、何か子どもの心を動かすようなきっかけがあり、一定の時間、継続して活動に没入する体験である。そしてしばらく活動を継続した後、我に返るのであるが、活動に入る前と活動後の子どもの顔つきや態度は変容したかのような印象を持つ。例えば充実感とか達成感に満ち溢れているような前向きな様相である。まるで日常生活の時間から遮断された'夢中のトンネル'というブラック・ボックスから抜け出て、少し成長したかのようでもある。こうしたトンネルをくぐり抜ける体験は子どもにとって、その時間だけでなく、その後の生活においても自信や期待感をもって意欲的に環境に関わっていく態度を育てることにつながると思われる。幼稚園教育要領や、幼保連携型認定こども園教育・保育要領においても「遊び込む」[*1]ことや「諦めずに続けた後の達成感等を感じられるような経験が蓄積される」[*2]ことの重要性が記されている。

　そこで、本論の目的は、造形活動の場面においてこの夢中になり一定の時間、継続してもの（素材や材料）に関わり続ける行為の中で子どもは何を体験しているのかを考察することである。こうした議論においては、子どもは「〜を学んでいる」といった学習面が語られることが多いが、本論では、子どもの身体経験としてどのようにこの時、この場を生きているのか、という現象学的な観点を含めて考察してみようとするものである。そうしたことを考えた時に、「フロー状態」という言葉が思い出される。何か目の前の作業に熱中して取り組む過程で、時間を忘れ、流れるような特別な時を体験するといった場合に使われる用語である。多くの場合それは楽しい時間、幸福感の漂う主観的な時間であると言える。本論ではこの「フロー」理論にも触れながら、造形過程の中で子どもが夢中になる体験について考察していく。まずは手掛かりとして、子どもが楽しいと思える活動はすぐに終わるのではなく一定の時間継続されるので、「活動が継続される」ことはどういうことなのかということから考える。

2. 継続される活動〜ものとの対話

　子どもの生活において、何か意欲的に活動するきっかけは「心が動く」事象に出会った時であろう。その心が動くのは本人の「興味・関心」が基になっている。しかし、子どもの遊びを見ていると、興味・関心から何かを見つけたり、友達のやっていることを見たりして「おもしろそう」と思って活動を始めるのだが、すぐに「やめた」となることも多い。一方で砂場遊びでは1時間でも2時間でも集中して遊んでいる。このように興味・関心が基になり、心が動き、何か特定の遊びを始めたとしても、すぐに終わることもあれば、数時間継続されることもある。その違いは、後者の場合、活動過程においても心を揺さぶり続けられる要因が何かあるからであろう。つまり、活動過程で、興味あること、関心のあることが生まれ続ける、あるいは、変化したり、新たなおもしろさに気づいたりして、心が揺さぶり続けられている可能性である。

　では、何が子どもの心を揺さぶり続ける要因になっているのか。造形活動の場面で考えると、ひとつ言えるのは、子どもは目の前の素材と対話をしているということである。ここで人の対話をイメージしてみると、Aさんが何かを話すと相手はなんらかの反応を示す。言葉で答えてくる場合もあれば、言葉ではなく態度や表情のみで反応をする場合もある。何れにしてもAさんはその情報を読み取る、あるいは状況を知覚することになり、それに対してリアクションをする。このような対話が想定できる。次に造形活動について考えると、造形活動は、一般に、何かを作ったり絵を描いたりする活動であるといわれるが、作者が一方的に作りたいことやイメージを形にしているわけではない。実際は、人の対話と同じように、目の前のもの（素材や材料）や環境の情報を読み取ったり知覚したりしながら、私たちは物に関わることをしているのである。ものの情報が私たちの活動を誘発、誘導すると捉えることもできるのである。

　表1の①〜⑱のコマ画像は、図1の画用紙で作った立方体を6歳児（Y男）に渡してどのような造形的、身体的な関わりを行うかを観察調査したものである。活動過程をビデオで撮り、流れに沿って様子がわかるように数枚を選んで抜き出すと同時に、その時点での様子をメモに記録した。メモの内容の概要は画像の下に記した。

　Y男の立方体への関わりを見ていると、ゆっくりと素材を吟味したり、試したりしているかのような行為をする時間（①〜⑦）から、何かやるべきことを見つけたかのように一気に活動を展開する時間（⑧〜⑫）が訪れた。そして作ったものでしばらく遊び、さらに、何か目的を見つけたかのように、前よりも複雑なものを作り重ねていった（⑬〜⑱）。それぞれ時間はA【模索期①〜⑦】、B【イメージの発生期⑧〜⑫】、C【イメージの深まり期⑬〜⑱】と3つに分けることができる。それぞれの過程を見た時に、Y男は決して一方的に頭の中にあるイメージを視覚化していったのではないことがわかる。ましてや箱をもらった時から⑱のような複雑な仕掛けのあるロボットを思いついたわけでは全くないであろう。そうではなく、まずY男は箱を触って素材を確かめる中で、ハサミで切ることができる、穴

を開けることができる素材であることを確認している。そしてハサミで穴を開けると、箱に空洞ができる面白さから、覗く行為をしている。閉ざされた空間には何が見えたのだろうか、異空間を見た時のＹ男の興味津々の心理状態が想像される。そこから、もうひとつ穴を開けて、今度は2つの穴を通して外のひらけた空間を見る。この時の景色はＹ男にとって、非日常の景色に見えたのか、⑥では部屋中をキョロキョロと見回したことが記録されている。その後箱を展開した形からは、人またはロボットが見えたようである。ここからＹ男はロボットの腹部に複雑な歯車のような機械を細部まで描いた。そして一旦完成したものを動かして遊ぶうちに、物語が生まれ、さらにこのロボットの穴の開いた中心部に扉をつけたり色を塗ったりして自分のイメージを実現化していった。以上のことから、Ｙ男は常に目の前の素材と対話を楽しみながら一定の時間、活動を継続させた様子が確認できる。

さらに、ＡとＢの間、ＢとＣの間には「遊ぶ」行為が入っていることにも注目したい。素材と身体的に関わるという対話の中にイメージが生まれ、展開されている過程もこの事例から見ることができる。

図1　画用紙でできた立方体

表1　Ｙ児の関わりの流れ

①Ｙ男は立方体を手にすると、ゆっくり回しながら前面を見た。そして指でひとつの面を押さえて、素材の柔らかさを確かめているよう。	②ハサミで箱の一辺の縁を切り、箱のふたを開けるように一面を展開した。そしてすぐに、そのふたを半分におり、ハサミで切り込みを入れた。	③切り込み、切り落としたところが穴になったことを確かめ微笑んだ。そしてふたを閉めるように、もう一度箱の形に戻し、じっと眺めている。	④前かがみになって穴から箱の中を覗き込む。何度も繰り返している。

⑤穴の開いたふたの反対側の面の縁をハサミで切り、②と同じようにふたをふたつに折って穴を開けるように切り込み、切り落とした。	⑥箱に開いたふたつの穴から窓の外を見ようとした。望遠鏡のように箱の空洞の先に外の景色が見える。部屋の天井や床なども穴を通して見て楽しんでいるようだった。	⑦しばらくして、箱の残りの縁をハサミで切った。すると6面の正方形が連なった特定の形ができた。その中の2面には穴が開いている。	⑧ペンを取りいちばん上の面に目のようなものを描いた。その面がロボットの顔のように見える。

 ⑨次の面（ほぼ中央の穴の開いた面）にペンで細かい機械のようなものを描いている。穴が丸であるので、丸の縁に沿って描いている。色も変えているということは、何か意図を持って描いているようだ。歯車のようでもある。そしてその左右の面と下の面には、紫色のペン1色で塗り込み装飾した。	 ⑩いちばん下の穴の開いた面に切り込みを入れた後、全体を縦になるように手に持ち、動かしている。形から見ると、ロボットのようである。ゆっくりと2つの足を動かし、歩いているように見える。	 ⑪しばらく、動かしたり、立ち止まらせたり、反対方向に移動させたりしている。部屋中を歩かせているようである。そして真ん中の面に穴が開いていることに注意をやった。	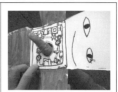 ⑫真ん中の面の穴の開いているところから指を入れて、指を上下左右に動かして遊ぶ。機械的なロボットの腹から、異質の生身の柔らかい棒状のものがくねくね動いているように見える。
 ⑬指を外し、その穴の後ろ側から別の小さな紙を貼り、穴を塞いだ。遊ぶ中で穴は不必要になったのだろうか。それとも、別のイメージが湧き、それを実現化しようとしているのか。	 ⑭塞いだ円形の白くなった場所を隠すように、さらに別の紙を上から貼る。その紙は、扉が開閉できるように、縁に糊をつけて貼った。	 ⑮先ほど貼った円形の扉を開けて、その下の白くなった円形の場所にペンで細かい絵を描いた。そしてその小さな扉を閉めた。	 ⑯今度は、小さな扉を設置した面に全体を隠すように、正方形の画用紙を貼り付けた。ただし、この紙も、端に糊をつけ、扉のように開閉できるような仕掛けを作っている。
 ⑰正方形の扉を閉め、表面にはその面の左右と同じ紫色のペンで塗り込んだ。扉を閉めると腹部の機械は見えない。中の様子が見えない仕掛けとなった。	 ⑱全体を縦にして手に持って遊ぶ。ロボットのようである。足を動かして遊んだり、腹面の正方形の扉を開け、さらにその中に作った小さな円形の扉も開けて楽しんでいる様子である。何かストーリーが展開されているようである。二重の仕掛けを何度も操作しながら、動かして部屋中を歩かせている。		

3. 継続される活動の文脈への注目

　一定の時間「活動が継続される」ということに注目した時、現時点の出来事だけでなく、継続するには必ずその前の事象と後の事象がつながっているという、文脈があることに気づかされる。この文脈があるからこそ時間の流れが作られ、物事が進行していくのである。先ほどの子どもと、ものとの対話においても、行為することと、目の前が変化していく状況の認知の繰り返しにより、ひとつの流れ(文脈)がつくられていることがわかる。この文脈について、栗山はこれまで子どもの描画過程における文脈として、「視覚的文脈」と「物語的文脈」が絡み合いながら流れを作っていることを明らかにしてきた[*3]。少し説明すると、「視覚的文脈」とは、子どもが描画に関わる時、偶然あるいは意図的に描いた、線や形の痕跡や隙間(空間)が、次への描画行為に影響を及ぼすという流れであり、「物語的文脈」というのは、描く中で沸き起こるイメージや感情が次の行為に連鎖的に繋がっていくという文脈である。ここでは前章で見たY男の事例から、作る活動における、「視覚的文脈」と「物語的文脈」の関連について検討してみたい。

　子どもは遊びの中で、ものに関わる時、まず自分のできることから行為を起こすといえるが、Y男もまず、素材に触ったり眺めたりする行為から入り、切り込むことができることを見出し、ひとつの面に穴を開けることから始めた。行為の結果、目の前の立方体の様相が変化し、Y男はその視覚的情報を認識あるいは知覚することになる。そして次の行為の方向性が定まると同時に再び行動を開始する。穴が開いた状態は、Y男に覗く行為を誘導し、また展開された箱は、Y男がどこかで見たことのあるロボットのイメージを導き出した。ロボットの腹部に開いた穴は、指を入れる行為を誘い、それを覆い隠すことに展開させた。視覚情報の認識あるいは知覚が、次の行為を誘い、活動を流していく原動力となっている。そうした視覚的文脈を捉えることができた。一方で、箱を展開した形からロボットがイメージされたが、ロボットは人とは異なり機械で動くことを連想させ、Y男は歯車などを細かく描いた。そして手で持って動かす仕草は、Y男の頭の中に物語的なイメージが展開されていると推察できる。また遊びながらそれを改良していく活動では、まさに物語の展開から次のイメージが生起し、それを実現化していくという、イメージの操作や創造性を見ることができる。以上、視覚的文脈と物語的文脈が絡み合いながら、ひとつの流れを作っていると言える。

　さて、こうした「視覚的文脈」と「物語的文脈」の観点から活動過程を分析した時、そこには意味の発生が起こっていることに気づかされる。ひとつのアクションを起こすごとに、目の前の様相が変化し、行為者にとっての意味が生まれたり、それまで続いていた意味が消滅、変化したりする過程としても捉えられる。栗山は活動を継続する子どもが体験している内容として、こうした意味の発生、意味の展開が次々に現れ変化していく面白さの存在を指摘している。それは子どもにとっては、まさに感情や感覚が揺さぶり続けられる、リアリティの体験であるとも言える。

最初に、夢中になって継続する活動では、子どもの心が揺さぶり続けられているということを述べたが、ここで言えることは「心が揺さぶり続けられる」とは、活動中に自分にとっての意味が発生したり変化し続けたりする過程を体験している状態であるということができる。

4. 継続される活動とフロー状態との関連

　ここまでの調査と考察から、夢中になって継続される活動の中では、子どもの身体とものとが交流しながら一体となって時間の流れをつくっている様子がうかがえた。それは子どもにとって視覚的文脈と物語的文脈が同期しながら連続した流れとして経験されている状態であるとも言える。造形活動においては、以上のように、楽しさの文脈が存在し、流れるように活動がスムーズに展開していくことがよくある。例えば活動の終了時間を告げた時に「もうおわり？　まだまだやりたい。」という子どもの声は、楽しさの中でいつの間にか時間が流れ、止めることができない心理的な状況に入り込んでいる状態である。
　このような状態は、社会心理学者のM.チクセントミハイがいう「フロー」の状態と類似していると思われる。フローとは、「ひとつの活動に深く没入しているので他の何ものも問題とならなくなる状態、その経験それ自体が非常に楽しいので、純粋にそれをするということのために多くの時間や労力を費やすような状態」[4]とされている。他の説明としては、活動中に気分が高揚し楽しさの感覚が生じて「流れている(floating)ような感じ」「流れ(flow)に運ばれる」感じ[5]、「幸福感」[6]、「集中が焦点を結び、散漫さは消滅し、時の経過と自我の感覚を失う。」「その代わり、行動をコントロールできているという感覚を得、世界に全面的に一体化している」[7]と感じられる体験とされている。チクセントミハイは、人は最も楽しい時にどのように感じているのか、何を体験しているのかを理解するため、世界各地の異なる人生を歩む数千人にインタビューなどで調査を行ったところ、楽しさの種類は極めて多様であるが、それを楽しんでいる時にどう感じたかについては、ほとんど同じように述べたという。そうした調査からフロー状態の特徴(楽しさの構成要素)を抽出し、整理して説明している。子どもの夢中になり継続する活動に共通していることは、この楽しさの存在であるので、この章では、以下、8つの項目から、子どもの造形活動過程との関連を探りながら、子どもが夢中になって関わる造形活動の意味や、そこで何を体験しているのかについて考察していく。

(1) 能力を必要とする挑戦的な活動

　チクセントミハイによると、活動中に、楽しさが生じ流れているような感覚が起こるのは、自分の達成できる見通しのある課題と取り組んでいる時であるという。つまり自分の能力(スキル)が挑戦目標と適合している時に生じるという[8]。例えば、子どもが行うある作業の難易度が、自分の能力を超えているとすると、それは負担に感じられ面白さをなくし

てしまうだろう。逆に、その作業が、あまりにも簡単な場合は、飽きたり退屈になったりするだろう。また子どものスキルと作業内容の難易度がほぼ同じ場合でも、そこには挑戦的な緊張感がなく繰り返す中ですぐに飽きてしまうだろう。ここで重要となるのが、今自分のできることと比べて、少しだけ挑戦できる要素の必要性である。これはヴィゴツキーの最近接発達領域（ZPD）の概念とも重なる部分である [9]。この領域の中で子どもは自分のペースで意欲的に背伸び（学び）を行うのである。それは夢中になる姿であり、この能力（スキル）と挑戦目標が適度な関係に存在しているという、フロー状態と重なると言える。

(2) 行為と意識の融合

　私たちは何かを作ったり描いたりする時、一方的に自分の頭にあるイメージを視覚化させていくのではないことを先に述べた。つまり、目の前の素材が私たちの行為を誘発することもあるのである。私たちは素材の情報を読み取ったり知覚したりする中で、感情さえも揺さぶられ、次にどのようにアクションを起こすかの方向性が定まってくる。こうしたものとの対話の中で、自分とものとの境目が薄れていき一体となる感覚を体験することがある [10]。活動中の「もの」は、客観的な「もの」ではなくなり、行為と同時に変化し続ける「もの」は意識と融合しているかのようである。チクセントミハイは、「フロー状態では、自分のしていることにあまりにも深く没入しているので、その活動が自然発生的、ほとんど自動的になる。また、現在行っている行為から切り離された自分自身を意識することがなくなるという [11]。

(3) 行われている作業に明瞭な目的とフィードバックがある

　例えばロック・クライマーやテニス・プレーヤーのように、単純な目標が常に明確にあり、活動過程で常にこの基本的な目標に合致しているかという情報（フィードバック）を直接的に感知している場合、その活動家はフローの感覚を体験するという [12]。しかし私たちの行うすべての行為は、初めから目標があるわけではないし、活動中もフィードバックが明瞭ではないことが多い。ましてや子どもの造形的な活動は、初めから目標が定まっていることは少ない。前章で見てきたように、子どもはものに身体的に関わる中で徐々にイメージが生まれる場合があり、それと同時に、次に行う行為の方向性が出てくる。その方向性は、「次に〜のようにしてみよう」という意図として行為を実行させる。行為の結果は解釈というフィードバックにより、自分の意図した通りにできているのか、または新たな方向性を目指すのかを決定していく。チクセントミハイは、「結果の開かれた」創造的な活動では、「内面的な指針なしにはフロー体験することは不可能である」と述べている [13]。子どもの造形活動において、子どもが楽しいと感じる時は、以上のような、刻々と変化していく流動的な内面的な指針を持ち続け、同時にその指針が、自己の行為の解釈や確認と融合した流れを構成する状態である時に感じる可能性がある。

(4) 今していることへの没入感

　教育・保育現場での子どもの造形活動を見ていると、初めは友達と交流したり立ち歩くなどして情報を集めたり試したりしている様子がうかがえる。しかし活動を続けていると、騒ついている段階から急に部屋中が静かになり、全体的に落ち着く段階へと移行していくことがよくある。空気が質的に変わる印象を受けるのである。そして活動の後半になると再び、友達同士の交流が活発になり終了の方向へ向かう。小学校の図画工作の授業や保育現場の造形遊びにおいて、同じような感想を持つ教師も多いと思われる。目の前の活動に注意を集中させる時、子どもはどのような心理的状態なのだろうか。観察の中では、子どもは自分の世界にひたっている状態がしばらく続いている印象を受ける。集中といっても、強い緊張状態ではなく、時にはクラスの中で誰かの鼻歌が聞こえてきたり、友達の話し声もひとつの環境として捉えられたりするほど、ゆるい緊張状態が保たれていると思われる。そしてこのような状態は、目の前の活動がある程度まとめられ自分なりに満足感を感じた頃に終わる。筆者は、こうした、子どもが一定の時間、活動に没入する体験を「夢中のトンネル」という言葉で表現したが、子どもは日常から非日常のトンネルを通過し、一定の時間を経過してまた日常に戻るかのようである。チクセントミハイは「フローの継続中は生活の中での不快なことを全て忘れることができる」という。「楽しい活動は行っていることへの完全な注意の集中を必要と」し、「現在行っていることに無関係な情報が意識の中に入る余地を残さない」[14]。まさに没頭する、夢中になるという表現がふさわしい状態であり、そうした活動は意識に秩序をもたらすようである。

(5) 自分の行為を統制しているという感覚

　チクセントミハイによれば、人が活動中に楽しさを感じる要因のひとつとして、「困難な状況の中で統制を行っているという感覚」の存在を上げている。これはどういうことかというと、保護された安全な日常生活のもとでは、自分で自分の行為を統制しているという感覚を持たなくても普通に過ごすことができるが、不確実な状況が自分を取り囲む時、自分を統制する必要が出てくる。その時、自分の世界を統制しているという感覚がフロー状態を導く可能性があるというのである。例えば危険を楽しむと思われる冒険家やレーサー、ロック・クライマーなどの特徴は、その楽しさが危険のスリルからというよりは、潜在している危険を統制することができるという健康な感情を楽しんでいることにある[15]と分析している。

　さて、子どもの造形活動では、このことはどのように理解できるだろうか。例えば、子どもが「楽しい」という言葉を発する活動や、何度もリクエストしてくる活動のひとつに、大きな紙に絵の具で自由に描く遊びが挙げられる。普段は描画に消極的な子どもも、非日常的な大きな模造紙の上に自由に描く行為では夢中になって描くのである。描くといっても、何か形を描くことを楽しむ場合もあれば、ひたすら画面の上で色を混ぜたり、撒き散らしたりして目を輝かせている場合もある。このような状況は、子どもにとって非日常的な環

境であり、雰囲気としても通常時間から切り離された特別な時間となっている。この特別な時間、空間は、計画された安全な状況ではなく、何が起こるかわからないという不確実性が支配しているような状況である。そこでは偶然的な色や形の魅力的な出会いが起こることもあれば、自分の望まない結果で終わる可能性も秘めている。しかし子どもは、この状況下でできるだけ自分の感性、感覚に沿って、自分の行為をコントロールしながら、即興的に自分にとって心地いい状態を目指して素材や環境に働きかける。この自由な、不確実な状況下で自分がこの状況を統制しているという感覚の楽しみが起こるのではないだろうか。

(6) 自己意識の喪失と、フロー体験後の強い自己感覚

　ある活動に完全に没頭すると、過去や未来、またはその瞬間の行為とは無関係な他の刺激に対して十分な注意を払う余地がなくなることを (2) (4) で見てきたが、意識から消え去るものの中には、自身の自己 (self) も含まれるとチクセントミハイはいう [16]。日々の生活の中では私たちは自己を意識し、自己へのこだわりが心理的エネルギーを消耗させるが、楽しさの中で夢中になる時は、自分を吟味する余地はなくなるのである。もし自分を意識した時には没頭は中断され目の前のものが自分の意識と切り離されて客観的対象物に戻る。

　ただ、自意識が喪失すると言っても、自分の意識がなくなるわけではなく、また自己をコントロールできなくなるという意味ではない。「自己という概念」つまり自分が誰であるかを自分に示すために利用する情報が、意識閾から滑り落ちるというのである。そのような状態の時、私たちは自分が誰であるかについての概念を拡大する機会を持つことになる。チクセントミハイによる暴走族へのインタビュー調査の中で、「みんなで走っている時、みんなの心が一つになる。一体になっているという感覚が楽しい」と答えたことを報告している。自己意識を超えて、環境と一体になるという感覚はまさにフローの特徴であると思われる。

　さらにチクセントミハイは、フローの特徴として、「活動が終わって自意識が戻った時に、人が顧みる自己は、フロー体験前のものとは同じではない。それは今や新しい能力と新しい達成とによって高められている」という。子どもがある活動に夢中になり、一定の時間を経て我に返った時、活動後の様態は充実感に満たされ、前向きな気持ちになる姿はこのフロー体験後の状態と同類であるといえる。

(7) 時間の変換

　普段私たちは基本的に、時計の刻みに沿った、客観的で形式的な時間で日々を過ごしている。この客観的時間は社会生活を営む上で欠かせないものであるが、しばしば人は、「時間が早く過ぎる」とか「ゆっくり時が進む」などと感じる経験をすることがある。これは個人の内的時間に沿って生きている時に感じるものである。子どもたちも夢中になる遊びや造形活動の中で、その場、その時の主観的な時間、つまり「自分だけに流れる時間」＝「取

り替えることのできない時間」を体験していると言える。

(8) 自己目的的経験

　例えば、何時間も活動を続ける泥遊びや、意欲的に素材に関わる造形遊びでは、「楽しさ」を感じること自体が、活動を動かすエネルギー源となっており、何らかのきっかけで楽しい感覚が薄れていくまで活動は続けられる。このように夢中にさせる活動は内発的報酬を子どもたちにもたらすようになる。保育・教育現場では、最初は教師からの働きかけがきっかけで、活動を始めることが多々あるが、たとえ始めは気の進まない努力を要求されたとしても、子どもは自己の能力にフィードバックを送り返すという相互作用が始まると、それは内発的な報酬をもたらし始めるのである。

5. まとめ

　本論は、夢中になり一定の時間、継続してもの（素材や材料）に関わり続ける造形活動の過程で、子どもは何を体験しているのかということを考察してきた。子どもは興味・関心を基に心が動かされ特定の活動に関わり始めるのであるが、「すぐに終わる活動」と「継続される活動」の違いがここで明確になった。つまり活動を継続する子どもは、身体とものとの交流を楽しみ、視覚的文脈と物語的文脈の流れの中で、フロー状態を体験しているということであった。特に、楽しんでいる子どもは、活動に没入し、自己の行為と意識が融合状態になっていることや自分の能力と挑戦目標が程よい関係になっていること、作業過程で明瞭な目的とフィードバックが行われていることなどが分かった。

　今回考察された内容をきっかけに、子どもの活動をより深く理解する視点を探っていきたい。

註

*1　ベネッセ教育総合研究所「プレスリリース　幼稚園や保育園で"遊び込む経験"が多いほうが「学びに向かう力」が高い」Benesseホールディングス、2016においては、"遊び込む経験"を子どもが主体的に遊びに入り込むような経験（「遊びに自分なりの工夫を加える」「見通しをもって、遊びをやりとげる」「先生に頼らずに製作する」「挑戦的な活動に取り組む」「好きなことや得意なことをいかして遊ぶ」「自由に好きな遊びをする」の6項目）と総称している。
　　https://berd.benesse.jp/up_images/research/20160830releasepaper_encyosa.pdfよりダウンロード。
*2　内閣府・文部科学省・厚生労働省「幼保連携型認定こども園教育・保育要領」チャイルド本社、2017、81頁
*3　栗山誠「図式期における子どもの画面構成プロセスの研究〜視覚的文脈と物語的文脈に注目して〜」『美術科教育学』第33号、美術科教育学会、2011、187-199頁
*4　M. チクセントミハイ、今村浩明訳『フロー体験　喜びの現象学』世界思想社、1996、5頁
*5　同上、51頁
*6　同上、63頁
*7　M. チクセントミハイ、大森弘訳『フロー体験入門―楽しみと創造の心理学』世界思想社、2010、ⅲ頁
*8　前掲書『フロー体験　喜びの現象学』、63-67頁
*9　L.E. バーク・A. ウインスラー著、田島信元・田島啓子・玉置哲淳編訳『ヴィゴツキーの新・幼児教育法』北大路書房、2001、44頁
*10　栗山誠『図式的表現期における子どもの画面構成プロセスの研究〜視覚的文脈と物語的文脈に着目して〜』風間書房、2017、223-225頁

*11 前掲書『フロー体験　喜びの現象学』、67頁
*12 同上、69-73頁
*13 同上、71頁
*14 同上、74頁
*15 同上、76-79頁
*16 同上、80頁

参考文献
L.S. ヴィゴツキー、土井捷三・神谷栄司訳『「発達の最近接領域」の理論』三学出版、2003
M. Csikszentmihalyi, Optimal Experience: Psychological Studies of Flow in Consciousness. Cambridge University Press, 1988

　なお、本稿の初出は、栗山誠「子どもの造形表現過程における夢中になる体験」（関西学院大学教育学会編『教育学論究』9号-2、2017）であり、本稿はそれを一部改変したものである。

column

キッズ・ミート・アート巡り

門前斐紀

もんぜん・あやき

　キッズ・ミート・アートは、通りすがりでも「何だろう？」と好奇心をくすぐられるやいなや、誰でもすぐに仲間入りできる。その開放感と懐の深さは、大蓮寺・應典院の歴史に特有のものに感じた。

　私は、キッズ・ミート・アート2015に参加させていただいた。1日中ぐるぐると会場を巡った2日間は、とても楽しかった。キッズ・ミート・アートは、できたてのアートを介し、子どもと大人がひらめきをつかみ取って遊ぶ自由空間だ。印象深かった場面を一つひとつ思い返してみたい。

　会場には、思わず顔がほころぶ瞬間がたくさんあった。たとえば、様々な素材でできた糸を編み込む〈クラフト〉で、「糸」となる直前の素材を手に取り、その物質感を肌身で感じ入る様子、また、人形作りの〈造形〉で、手中に生まれる人形の顔を見つめ、指先を「足」にしてこっそり小さな行進をする姿、そして、大きな横長の用紙に一斉に街を描く〈絵画〉で、大きな紙の四方から色を滴らせ、思いがけない「地形」を発見する瞬間、あるいは、〈朗読〉あとの対話で、自身の意見や感想をつかまえようと言葉を模索する表情。そのような中、大人1人参加の私も多くを感じ、発見し、シャッターを切るなどしていることは、何となくうれしいことだった。

　アートを身にまとうと、他者との間に通気孔が開くのだろうか。〈ボディ・ワーク〉では、参加者が身体をフル活動してあらゆる事柄になりきり、お互いの表現を楽しみながら華麗に変身していた。ある瞬間、背中あわせになって動く子どもたちがひとつに見えた。身体的な動きには、どれだけ距離が開いていても明確な自他の境界はない。また、動きのはじまりや終着点は、思えば

決して明確ではない。そんなことをふと考えさせられた。〈演劇〉で、即興的にキャラクターやシナリオをつくる作業では、互いのわずかな動作や表情が折りあって流れを刻々と定めていた。日頃は見過ごしがちな関係性の網の目が、ワークの機微に鮮明化していたように思う。

身体間の通気孔は、こうした機会を重ねるうちに感度が高まり、しなやかになるのかもしれない。初対面同士が多い間柄で、深呼吸しているような心地よさを覚えたのはなぜだろう。身体感覚のうちに自然と他者に寄り添うあたたかなつながりが見えた気がした。

呼吸が深まる体験として、ヒスロムの〈伝書鳩ワークショップ〉は強力だった。人間感覚からは完全に未知の「他者」、鳩たちが相手だからだ。ケースに入った鳩を前にして、子どもたちは早く触れてみたくてうずうずしていた。でも、きっと慣れない人間は嫌だろう、こわがって暴れてしまうかもしれない……親しみと畏れが入り混じる。

数々の危険のなかを飛んで帰るレース鳩の話を聴いたあと、スタッフが「お墓の上に移動して鳩たちを飛ばします。そのとき鳩を持ちたい人?」と尋ねた。次々に手を挙げる子どもたち。でも、いざとなるととても慎重だ。思いやりに手を震わせながら、子どもたちはそっと「他者」に触れていた。その様子に傍の私も興味津々。動物の魅力はすごい。

明るい曇り空の下、お墓のなかをぞろぞろと行列が進む。無事の帰還を祈る読経のあと、息をのむような歓声に見送られ、鳩たちは飛び立った。手元の温もりが消える

まで、多くの視線はいつまでも宙を舞っていた。参加者は、縁を噛みしめるように羽を拾ったり「今頃どの辺にいるのかな」と話したりして、余韻に浸りながら会場に戻った。

飛べなくなった鳩たちについて考える展示〈ユニーク病院〜レース鳩、ただいま休憩中〜〉では、飛べないことの苦痛について話し合い、鳩のしあわせをみんなで考えた。そこには、まるで鳩になったかのように考え言葉を紡ぐ愛らしい姿があった。

子どもたちにとって、日々の習い事に通じるプログラムも回ってみた。ただ、そこでの体験はいわゆる「お稽古」を超えていたように思う。型や作法にそれほどこだわらない、しかし道具の雰囲気や楽器の気迫が活きた、ダイナミックな催しだった。

〈書道〉では、子どもたちは巨大な筆でのパフォーマンスを観たあと、黙々と書いていた。紙がこすれる音と部屋いっぱいの墨の香り。そして最後に、先生と一緒に自分より大きな筆を持ち、一体となって文字が現れる動きを追う体感。〈彫刻〉では、小さな手に特有の表現がひねり出されていた。何のモノとも言えない無垢なかたちがとても可愛らしく印象的だった。また、〈ピア

ノ・コンサート〉では、クラシックの魅力が軽やかな音使いで伝わってきた。音に撫でられるように聴き入る子どもたちもいて、ピアノへの憧れがたくさん芽生えていたように思う。そしてお堂での〈声明〉は、仏教の音に身を浸す機会となった。途中、鐘を鳴らすコツについて秋田光彦氏が、「上へ響かせるように音を出すんだよ」と話された。音を出すこと自体が目的なのではなく、見えない彼方へ祈りを運ぶために音を奉るという。即興の子ども「仏教オーケストラ」では、子どもたちが仏具を持ち、はじめての「楽器」を神妙な面持ちで奏でていた。御仏をバックに童子が並ぶ様子は、思わず描き留めたくなる趣だった。

両日ともに、お祭りを締めくくるのは〈ノムさんのスッポコペー音楽会〉だ。野村誠氏が様々な道具が山盛りになった会場中央に現れると、子どもも大人もすぐに惹き込まれた。ノムさんの音楽は、奔放なエネルギーのバクハツと緻密なやさしさに満ちていた。ドン！　という大きな足踏み、ジャンプする身体の着地音、一つひとつが笑いを誘う。

いちばん早く反応するのは子どもたちだ。好きなタイミングで面白そうな道具を手に取り、会場のあちこちで思いつくことをやってみる。音を出すモノ、回るモノ、伸びるモノ……各々の実験が衝突したり混ざり合ったりしてピークを迎える。すると、ノムさんが弾き鳴らしていたピアノをピタリと静止する。突然訪れる静寂。子どもたちも静かになる。そしてまた少しずつ場がほどけ、色々がはじまる。会場と呼応して次々と変化するノムさんのリズムは、子ど

もたちの持ち前の面白発見力を引き出していた。

ノムさんと子どもたちの音響合戦では、響きが重なり波動となって感じられた。講堂に座って居るだけで、音波が身体を突き抜け五臓六腑に染み渡る。身体の表裏、床や壁まで鳴る空間では、少しぼんやりして、マッサージのような効果があった気がする。そのなかで踊るようにかけ回り、豊かに表現する子どもたち。それは、みんなでそこに居ることを慶ぶお祭りのようだった。

2日間会場を歩き、様々な挑戦が生まれ、見守られ、応援されるのを見た。あの日、体験を持ち帰った子どもたちのなかで、記憶や思い出はどんな風になっているのだろう。子ども時代にキッズ・ミート・アートがあることをうらやましく感じつつふり返る。

キッズ・ミート・アート 2013〜2019 カタログ

＊ゲストの方の肩書は当時のものです。

2013年度

「キッズ・ミート・アート〜ようこそ、表現の道具箱へ〜」
8月30日・31日　應典院・パドマ幼稚園・大蓮寺

初めてのキッズ・ミート・アートの開催年。應典院、パドマ幼稚園、大蓮寺の会場を市民に開放して、タイトル通りの様々な表現の道具箱から、子どもたちが好きな形の「表現」を取り出し、形を変容させて遊ぶ様が繰り広げられました。子どもたちにとっての「アーティストたちの日常」は「異日常」であり、「子どもたちの遊ぶ日常」の様相はアーティストたちにとっては「異日常」だと感じられ、その交換・交歓の時間こそが、現代の社会の中で忘れられた大事な時間なのではないかと思わされました。

1 僕を描く私を描く
ゲスト：のぐちひろこ[実施時のクレジットは野口紘子]（画家）

自分の背丈よりも大きな紙に寝転がって、当寸大の自分をトレースした後、クレヨンや水性絵の具を使って、鏡で自分の顔を確かめながら自画像を描くワークショップ。長時間、作品が出来上がるまで紙に向かう真剣な子どもたちの姿が印象的でした。

2 からだであそぼっ！
ゲスト：エメスズキ（ダンサー）

親子で様々な身体表現に挑戦してみました。みんなで「こちょこちょ、ぎゅーっ、ぐるぐる、びゅーん、よいしょ……、よしよし、すりすり……、わいわい、にこにこ」と普段体験することない触感を特に研ぎ澄まし、「からだ」に五感で触れる時間となりました。

3 からだをほぐそう！
ゲスト：エメスズキ（ダンサー）

じぶんのからだは、どんな感じがしますか？　と聞くゲストのエメさん。「かたい？　かるい？　おいしそう？　すっきり？」自分のからだに向き合い、からだを感じて、動かして……。「気持ちいい！」と思える自分のからだを自分で探究するプログラムとなりました。

4 古武術の型に学ぶ体使い〜和の身体文化〜

ゲスト：石田泰史（武術操身法 遊武会主宰）

居合術・剣術などの型を「まねる」ことから挑戦しました。日本人が古から持つ「身体」の在り方を、武術を通じて感じる時間でした。石田さんの古武術の演武を鑑賞した後、一人ひとりの「おもちゃの刀」で思い思いの「ちゃんばらごっこ」を繰り広げました。

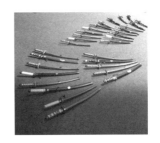

5 ランチタイムミニコンサート

ゲスト：油井宏隆（声楽家／大阪城南女子短期大学教授）
　　　　山田千智（ピアニスト／大阪城南女子短期大学講師）

料理研究家の笹浪泉さん作の「玄米の巻きずし」を頂きながら、素敵なピアノの音に耳を傾けるひとときを持ちました。気づきのひろばが素敵なコンサート会場に早変わり。子どもたちはリズムや旋律に乗ってゆらゆらと身体を揺らしたり、声楽家の声に驚いたり！

6 色いろことばとおうてんいん

ゲスト：松井智恵（画家）

様々な画材を集めたお部屋で、「気になることや、好きなこと」を描いていきました。お部屋にいるゲストの松井さんや大学生といろんな話をしながら、色を塗ったり、ちぎった紙を貼り付けたり。應典院の様々なもので凸凹のものを鉛筆で写し取る技法にも挑戦。

7 涌き上がるこころ、奏でるからだ
　〜即興アンサンブルの〈ワークショップ〉と〈ライブ〉〜

ゲスト：即興楽団UDje( )

様々な場でパフォーマンスをされている即興楽団UDje( )さんのメンバーたちと、身体を動かし、声をだし、楽器を鳴らしたワークショップの後、みんなでその時限りの即興ライブを楽しみました。アフリカのジャンベのリズムと人々の声に身体が自然に開かれる時間。

8 幼稚園の先生と遊ぼう
　〜楽器であそぼう、ようちえんコンサート〜

進行：パドマ幼稚園の先生のみなさん

幼稚園の先生と打楽器、弦楽器などを体験するワーク、先生たちによる管楽器のコンサート、手作りの紙人形劇作りを行いました。普段とは違う先生の姿に子どもも先生もびっくり！

9 ジャズのリズムを感じて、いっしょに歌をつくってみましょう

ゲスト：日高由貴(ジャズ・ヴォーカリスト／クラリネット奏者／劇団ふたごぼし)
　　　　上村美智子(ジャズ・ピアニスト／キーボード奏者／劇団ふたごぼし)

子どもたちにとっては、初めてのジャズのメロディやリズムを体験することになったようです。ピアノとクラリネットが奏でるジャズのリズムや旋律を感じながら、いっしょに歌ったり、リズムに乗って歌を作ったりと、目と耳と身体でジャズを楽しむ時間でした。

10 親子でお経。声明入門

進行：秋田光彦(浄土宗大蓮寺・應典院住職／パドマ幼稚園園長)

木魚や鐘以外にも、実は寺院では色々な楽器を使用します。一つひとつの楽器の名前を住職から教えてもらい、まずは自分で楽しく叩いてみました。その後、節をつけてお経をとなえる「声明」を一緒に体験。昔の仏教儀礼の様式と型を感じるひと時でした。

11 ART MEETS US

進行：山口洋典(應典院主幹)
ゲスト：山本高之(美術作家)
　　　　出演アーティスト

2日間に渡って感じたことを語り合いました。多くのアーティストの方たちが「子どもの感受性の鋭さ」に圧倒されたことに言及されていました。また、今こそ自由な表現ができる機会や場が子どもたちには必要だというくだりには、一同深く同意する一幕も。

12 松井智恵展「ハイジ53」

應典院の1階Wall galleryに、2012年制作の映像作品を投影展示。一般の大人向けの「使われなくなったものと関る動作と郷愁」がテーマの展示を、子どもたちが群れてじっと見ている様子が印象的でした。容易には「分からないもの」に貪欲に向かう姿勢に感嘆。

＊ロビーには「六地蔵食堂」と銘打って、米day no.1 (オーガニックお弁当／お惣菜／ケーキ)、ミッチー食堂(エスニック・カレー)、coeur(パン)、una table(ジンジャー・シロップ)の皆さんもご出店くださいました。出店された多くの皆さんは子どもさん連れ。多くの親子の笑顔の花が咲く1日となりました。

2014 年度

「キッズ・ミート・アート〜タテイトのふしぎ、ヨコイトのまほう〜」

7月21日開催：應典院研修室B
11月24日開催：JONANこどもひろばコマクル（大阪市東住吉区、駒川商店街内）

2013年度のフェスティバル形式とは対極に、1つのプログラムをじっと深く考察したり、スタッフも一緒にワークショップの中身を考える「じっくり型」プログラムとしました。開催場所として、新たに駒川商店街のJONANこどもひろばコマクルでも行い、地域連携を深める1日となりました。交歓の時間こそが、現代の社会の中で忘れられた大事な時間なのではないかと感じました。

タテイトのふしぎ、ヨコイトのまほう

ゲスト：キミ（星ヶ丘洋裁学園）
　　　　　BOM（アーティスト）

いつも着ている洋服やいつも持っている鞄、その多くは1枚の布からできています。布を構成するのは、「縦糸（タテイト）と横糸（ヨコイト）」。この簡単な仕組みを紐解いて、自分自身で織りものを作ったり、1枚の布を裁断して服や鞄を作ってみました。

2015 年度

「キッズ・ミート・アート〜いろがうごく、ことばがざらつく、おとがみえる〜」

8月29日・30日開催：パドマ幼稚園・應典院・大蓮寺

2年ぶりのフェスティバル形式による開催は、全14プログラムの開催と大規模なものになりました。また、大学と寺院と幼稚園の協働をより綿密に行い、最後の時間に全員参加で行えるプログラムとして「楽譜のない音楽会」を開催。多くの大人と子どもが即興の音やリズムに身を任せてみる体験をしました。

1 タテイトのふしぎ、ヨコイトのまほうvol.2
〜糸をつむごう、織り機であそぼう〜

ゲスト：BOM（アーティスト）、HARU（ファブリック・デザイナー）

2014年度のキッズ・ミート・アートの内容を引き継いだ内容で、お2人のアーティストにより、糸のしくみを知るためにいろんな素材を触って体験し、実際に糸を紡いだり、木枠織りや、手作りの色々な織り機を使って、アップリケやコースターを作りました。

2 レース鳩を飛ばそう！
～レース鳩ワークショップ～

ゲスト：ユニークG（ヒスロムと山本麻紀子）

アーティスト・グループ「ヒスロム」が大阪市桜川にある鳩舎でお世話をしているレース鳩を、大蓮寺墓地から一斉に空に放つワークショップです。自分の手から飛びたった鳩たちが、空の向こうに見えなくなるまでじっと見送る、命の輝きを感じる時間となりました。

3 飛べないレース鳩を救え！
～ヒスロムと一緒に考えよう～

ゲスト：ヒスロム（加藤至・星野文紀・吉田祐）
　　　　　高橋綾（大阪大学コミュニケーション・デザインセンター招聘教員）

高橋綾さんを対話の進行役に、山から都市に移り変わる場所を定期的に探険して、様々なアート作品を生み出すヒスロムの3人がお世話をしている飛べないレース鳩に触れながら、子どもたち自身が感じたことを語り合い、考え、絵画などで表現する時間を持ちました。

4 トコトコ人形でお散歩～人形作り・お散歩あそび・お絵描きをしてみよう～

ゲスト：栗山誠（大阪総合保育大学教授）

栗山誠さんと一緒に、トコトコと歩ける指人形作りに挑戦しました。子どもたちと一緒に作った歩ける指人形で遊びながら、その世界の中で共有されたイメージを、大きな紙の街の絵に書いたりして、想像の中での人形が動く物語の表現を色や形で表現しました。

5 山あり川ありお家あり
～おおきな絵巻の中であそぼう～

ゲスト：中井敦子（こどもアトリエ教師／絵描き）

床に広げたとても大きな和紙いっぱいに、にじむ墨と絵の具で川や山、家を描きました。また、「絵ことば」をひろってお話ししながら描いて、足や手にまで絵の具を塗ってあそぶ子どもたち。次第にひとつの大きな絵巻物語となっていくのが印象的でした。

6 伝えたいのはコトバ？ キモチ？
〜言葉のあそび、気持ちのはたらき〜

ゲスト：満月動物園

劇団の役者さんとともに、「夏休みの宿題」についての親子の会話劇をワークショップ形式で楽しみました。同じ台詞を、怒って読んでみたり、悲しんで読んでみたりすることで、「感情を載せると言葉はこんなに変わるんだ！」と驚きの声があがりました。

7 ノムさんのスッポコペー音楽会
〜まじる、ずれる、かさなる音〜

ゲスト：野村誠（作曲家／ピアニスト）

いろんな楽器が用意されたパドマ幼稚園講堂を使って、楽譜のない音楽を、子どもたちみんなでつくっていきました。絶妙な野村さんの即興演奏に耳をかたむけた後、全員参加の自由な演奏による、その場かぎりのシンフォニーが講堂いっぱいに響きました。

8 さわる、ねじる、ちぎる感覚
〜彫刻家と一緒に水粘土でオブジェをつくろう〜

ゲスト：村上佑介（彫刻家／大阪城南女子短期大学専任講師）

「彫刻家ってどうやって作品をつくっているんだろう？」と不思議な子どもたち。水粘土と石膏を使って、流したり、固める作業から小さなオブジェをつくりました。「彫るだけだと思っていた」彫刻の世界が、本当はとても深いことに気づく時間となりました。

9 いっしょにうごいてまなぼう！
〜からだあそびからからだのアートまで〜

ゲスト：エメスズキ（ダンサー）
　　　　弘田陽介（大阪総合保育大学専任講師）

親子で「からだ」を動かしてみたり、大人だけで「からだ」を考えてみたり、子どもだけで「からだ」であそんだり…、いろんな「からだ」がつまった時間でした。ドキドキわくわくの即興的なワークで、普段とは異なるからだの使い方、遊び方を試しました。

10 文字のかたち、筆のいきおい
～書道に挑戦しよう～

ゲスト：斎藤青楓（書道家／Atelier comodo主宰）

正座をして書道に挑戦！　象形文字から漢字、漢字から平仮名と、字の成り立ちについても詳しく学ぶ中での本格的な書道体験。墨の香に溢れたお部屋で、見たこともないような大きな筆を持って、大きな字を書くパフォーマンスも楽しみました。

11 絵本からうまれることば
～物語の世界について話し合おう～

ゲスト：秋田光軌（浄土宗大蓮寺副住職／應典院主幹）

内外の古典として親しまれている絵本の読み語りを楽しみました。その後、子どもも大人も一緒になって、登場人物の心情などについて哲学対話の時間を持ちました。子どもも大人も一緒になって、絵本から受けた素直な気持ちや気づきを語り合いました。

12 モーツァルトってどんな人?!
～ミニレクチャーとピアノ演奏～

ゲスト：山田千智（ピアニスト／大阪城南女子短期大学専任講師）

プロのピアニストから、作曲家モーツァルトのレクチャーを聞きました。一風変わったモーツァルトの人物像を、みなで驚きながら聞くひと時を持ちました。その後、実際にピアノ演奏を鑑賞しました。作曲家の一面を知ることで、音楽をより一層楽しむひと時でした。

13 仏教を音で感じる響きの場
～声明（しょうみょう）を体験しよう～

ゲスト：秋田光彦（浄土宗大蓮寺・應典院住職／パドマ幼稚園園長）
　　　　秋田光軌（浄土宗大蓮寺副住職／應典院主幹）

木魚や鐘など、お寺で見たことがある楽器や名前を聞いたこともないような楽器の数々にふれながら、声の音楽である「声明」を一緒に体験しました。秋田光彦と秋田光軌の親子による進行で、参加者も親子とともに楽しく仏教音楽に親しんでいました。

＊この年度にも六地蔵前食堂〜身土不二（しんどふに）〜を開催。「しんどふに」とは、人間の身体（身）と環境（土）は切り離せない関係にあるという仏教用語。米day no.1（オーガニック弁当）、coeur（パン）、ミッチー食堂（カレー）、ひなた堂（洋風焼き菓子）、ムソー食品（飲み物）、笹浪泉（オーガニック・カフェ）、松ちゃん給食＆ムソー食品（からあげ・飲み物）、cypher（カフェ）、まんまるみかん（パン）が出店。

2016 年度

「キッズ・ミート・アート～みえないもの？さわれないもの？～」

8月27日開催：パドマ幼稚園講堂・應典院2階気づきの広場
8月28日開催：パドマ幼稚園体育館・講堂

この年度のキッズ・ミート・アートは「みえないもの」をテーマに、城南学園の先生方3名をメインゲストに据えて、それぞれの領域のアート・プログラムの実践を行いました。「みえないもの」をテーマに寺院で開催するということで、アート・プログラムには「お地蔵さん」をモチーフとするものが連続して行われました。それぞれのプログラムの後には、僧侶が子どもたちと「対話」する時間を設け、子どもたちの言葉を丁寧に受け止めました。

1 ゆるゆるゴロゴロコンサート
　　～ゆりかごクラシック 0.1.2～

ゲスト：山田千智（ピアニスト／大阪城南短期大学専任講師）

赤ちゃんと一緒に楽しめるピアノ・コンサートを幼稚園の講堂で開催しました。ゴザ敷の場には、100名を超える大勢の方が参加してくださり、本格的なクラシックのコンサートの合間には、幼稚園の先生による音楽パフォーマンスやお坊さんのお話もありました。

2 ゆめじぞう
　　～ねがいごとや夢をカプセルに詰めて～

ゲスト：栗山誠（大阪総合保育大学教授）

紙粘土で作ったお地蔵さんの中に、密やかに願い事を描いた絵手紙をカプセルに入れて、閉じ込めました。その願い事は表面から見ることができませんが、ずっとずっと子どもたちの心の中に残ります。「見えないところ」にこだわるアートの活動を体験しました。

3 心の中のおじぞうさま
　　～粘土を使ってお地蔵様を作ろう～

ゲスト：村上佑介（彫刻家／大阪城南女子短期大学専任講師）

一人ひとりの心の中の自分を支えてくれているものや、守ってくれているものをお地蔵様に見立て、それを粘土によって具現化していきます。見えないものを、自らの手で見えるようにする体験。

4 親子でカラダ・コミュニケーション
～一緒に遊んで身体・感覚づくり～

ゲスト：弘田陽介（大阪総合保育大学准教授）

お子さんは運動能力や巧緻性、感性の向上になり、保護者の方はダイエットやスポーツへのヒントとなるワークです。最新の筋トレや日本古典の身体技法などをふまえた遊びでカラダもココロもすっきり。

＊フードコーナーでは、ミッチー食堂のエスニック・カレー、笹浪泉さんによるオーガニック・カフェも。カレーに加え、スイーツや飲み物など、参加者の暑い夏のお昼を満たす食のコーナーとなりました。

2017 年度

「キッズ・ミート・アート〜めぐる〈自然〉・伝わる〈技〉〜」

8月26日・27日開催：應典院・パドマ幼稚園・大蓮寺

仏教では、自然を「じねん」と読み、「自ずから然らしむ」「あるがままの状態」を意味します。東洋の自然は、決して人間と異なるもの・対立する環境を指すのではなく、私たちの存在そのものを包み込んでいるもの。また、「art（アート）」の語源は、ラテン語の「ars（アルス）」。「わざ・手腕・技術・学術・技芸・手仕事」や「技術の理論・法則・手引き」という意味までを含みます。そんな〈自然〉を感じるプログラムと、〈技〉が伝わるようなプログラムのハイブリッド（異種混合）のアートの世界を展開してみました。

1 あなたも「縄文人！」
～身近なもので楽器を作ろう～

ゲスト：山田修（縄文人〈見習い〉）

新潟の糸魚川流域で21世紀型縄文人生活を実践する山田修さんから、楽器を作るワークや、縄文の生活に関するお話をお聞きしました。現代ではなかなか味わえない、「縄文時間」を体験し、縄文時代の人が持っていた知恵や技に、親子とも唸る時間でした。

2 想像の木・創造の木
～彫刻家とつくる〈木で創る「木」〉～

ゲスト：村上佑介（彫刻家／大阪城南女子短期大学専任講師）

公園などで拾ってきた色々な形の枝や葉っぱなどを組み合わせて、木を作る工作の時間を持ちました。一旦、枯れてしまい、立ち木ではなくなってしまった小枝に、もう一度、作品としての「木」の命を宿すことで、子どもとともに自然のいのちを感じる時間。

3 子どもお練り供養
～二十五菩薩さんはヒーローだ～

ゲスト：田中やんぶ（アーティスト）

ご当地ヒーローを創るアート・プロデューサーと一緒に、二十五菩薩様の各特徴を活かした日本の古から伝わる「オリジナル・ヒーロー」である菩薩のコスチューム作りに取り組みました。最後は、大蓮寺本堂の阿弥陀様まで行列を組みながら、「お練り」供養を行いました。

4 木のひびきを楽しもう
～ちっちゃな楽器・おっきな楽器～

ゲスト：田中悠貴（クラリネット）
　　　　仙壹玲（バス・クラリネット）
　　　　若杉亮（ピアノ）

パドマ幼稚園OGの田中悠貴さんを中心とした、様々な種類のクラリネットとピアノのアンサンブルで、木のひびきを1日目と2日目で趣向を変えてお楽しみいただきました。

5 仏笑い～仏の顔、何度でも作れます～

ゲスト：陸奥賢（観光家／コモンズ・デザイナー）

福笑いのように、顔のパーツがバラバラになった阿弥陀さんの仏さまで創る「仏笑い」です。親子で目隠しをして仏さまの顔を作ったのですが、会場には笑顔が絶えませんでした。作りはじめと作り終えたら「南無阿弥陀仏」と唱える声がこだましていました。

6 おもいでダンス
～お寺で表現が生まれるとき～

ゲスト：斉藤成美（ダンサー）

夏の終わりを迎える時期、みんなの胸の内にある様々な風景や、人との出会いなど「夏のおもいで」を思い出すワークショップをお寺で開催しました。その「夏のおもいで」をダンスにして共有し、最後に阿弥陀様の前で発表するひと時を持ちました。

7 ほとけ様への近づき方
～からだで仏教を体感しよう～

進行：秋田光彦 (浄土宗大蓮寺・應典院住職／パドマ幼稚園園長)
　　　秋田光軌 (浄土宗大蓮寺副住職／應典院主幹)

毎回、大変好評なお寺でこそできる「アート」。お寺にある数々の楽器に触れ、五体投地などの本格的な礼拝の作法を体験しました。最後は、みんなで声を合わせてお経を唱え、自己と他者の声が本堂に響き合いました。

8 命めぐる水～たけ☆みず冒険ものがたり～

ゲスト：藤田知丈 (暮らシフト研究所代表)

應典院の親寺の名の大蓮寺をテーマに、滋賀県の北部から運搬された、蓮の花と種という「命」が、水とともに竹の水路をめぐって、流れ着く様子を展示。その水路に蓮の種を流して、最後にはご自宅に持ち帰って、蓮が芽吹きますようにと祈りました。

9 木のおもちゃで遊ぼう
～せんろは続くよどこまでも～

ゲスト：高橋智子 (ななつ星代表)
　　　弘田陽介 (福山市立大学准教授)

幼稚園の図書室をオープン・スペースにして、絶え間なく人が出入りするコーナーとなりました。欧州の木の玩具「クーゲルバーン」で、自由な発想のもと線路をつくり、電車を走らせる子どもたち。ゲストによる「子どもと、軌道のある遊び」についてのお話も開催。

10 「冒険」に挑もう！
～探る・放つ・入る世界へ！～

ゲスト：有北雅彦 (作家／翻訳家／俳優)

イタリア語の翻訳家で俳優でもあるゲストの有北さんによる「冒険」のワークショップを楽しみました。イタリアの冒険ガイド『13歳までにやっておくべき50の冒険』をもとに、身体が入るシャボン玉づくりなど、五感をフルに使った「冒険」を楽しみました。

11 一筆入魂〜流れる筆、にじむ墨〜

ゲスト：斎藤青楓（書道家）

漢字、平仮名、カタカナ、象形文字など、色々な文字にふれ合い、本格的な書道の世界を満喫するワークショップでした。また、大人数で子どもの背丈よりも高い大きな筆を用いて、全身を使って文字を描く、書道パフォーマンスにも挑戦しました。

12 探究の遊び〜ひかり・ワークショップ〜

ゲスト：山田洋文（探究堂代表）

スライド映写機を使用して、様々な素材を小さなガラスに置くミクロの世界と、それを光で映写した時のマクロの世界を楽しみました。素材の配置や重なりを考え、光の透過の様子を考えながら、色鮮やかなスライドを作るプロセスに、子どもたちも真剣でした。

13 おもしろメガネつくり
〜いつもの風景を変えてみよう〜

ゲスト：ARTclass+α、椎名観生（小学3年生）

小学生の椎名君によるファシリテートのワークショップでした。「なりたい気分」と素材を選んで、色んなメガネを作り、メガネをかけて変身した姿で会場を歩き回りました。その後、感じたことや発見をストーリーにして表現する機会を持ちました。

14 お坊さんの人形劇
〜坊主と小僧のお話はじまります〜

ゲスト：山添真寛（浄土宗僧侶）

「浄土宗の劇団ひとり」こと山添真寛さんによる、お坊さんしか登場しない人形劇を楽しみました。日本の昔話の中で語られている、様々なお坊さんのものがたりの中でも、「三まいのおふだ」を中心に、豊かな話芸と顔芸で実演され、会場は笑いに包まれました。

15 お店屋さんをつくろう！
〜カンタン！飛び出す紙工作〜

ゲスト：赤座雅子（キッズクラフト子ども絵画造形教室主宰）

絵本を読んだ後、こんなお店、あんなお店あったらいいなという夢のお店を紙でつくりました。親や子どもたちのチーム・プレイにより、立派な街が連続してできあがっていきました。

2018 年度

「キッズ・ミート・アート〜粘土が踊る、カラダが唄う〜」

8月7日開催：應典院・パドマ幼稚園・大蓮寺

城南学園と福山市立大学のベースメンバーに、エメスズキさん・日高由貴さんというおなじみの2人を加えた形で、キッズ・ミート・アートのベーシックを探りました。それぞれ素材となる粘土と楽器に身体を練り込み、〈かたち〉を見出すワークショップでした。

1 土から生み出すかたち
　　〜土の〈表情〉は見えますか？〜

ゲスト：村上佑介（彫刻家／大阪城南女子短期大学専任講師）

彫刻家の先生と一緒に土から作る粘土の工程を楽しみました。境内の土を採集して、それを使って粘土を作り、思い思いの作品を作り出しました。土が持つ様々な表情を参加者が一緒に感じ、最後に作品は土を取らせてもらった本堂前へ奉納しました。

2 ダンスはピアノの夢を見る
　　〜カラダ・音・遊びのワークショップ〜

ゲスト：エメスズキ（ダンサー）
　　　　山田千智（ピアニスト／大阪城南女子短期大学准教授）
　　　　弘田陽介（福山市立大学准教授）

絵本を1冊読んだ後、その世界観を旅するように、ピアノから飛び出す陽気な音、怖い音、おどろおどろしい音など、様々な音と、身体から出てくる色々な動きを調和させて、一緒に遊んでみました。怖い音への子どもたちの違和感が本堂内に残像のようにとどまり続けました。

フリンジ・プログラム

音楽カフェ

ピアノとクラリネット奏者、そしてボーカルも担当する日高由貴さんの生演奏をバックに、午前と午後の合間の休憩時間やプログラム前後の場で、音楽が流れる空間と時間を持ちました。親子でゆっくりと音楽を楽しむひと時になりました。

トークカフェ

教育のことに関するあれこれを話すトークカフェを開催しました。当日のゲストの先生たちと一緒に、アートを通して見た、子どもを取り巻く教育について、参加者のみなさんとご一緒に、参加型で語り合う場を設けました。(進行：齋藤佳津子)

＊今年も恒例のミッチー食堂さんに来て頂きました。インド帰りでカレーを極めたミッチーによる、珍しいお魚のカレーをみんなで頂く時間になりました。

2019 年度

「キッズ・ミート・アート〜地獄・極楽、どちらをお選びですか？〜」

3月30日開催：應典院

今年のキッズ・ミート・アートは、「おてら終活 花まつり」の企画の一環として、祖父母世代と孫世代がひと組となって「地獄・極楽」を表現するアートに挑戦！ お寺を舞台に、絵画・造形のプログラムの他、哲学対話や死生観の絵本を楽しむ企画も盛り込んだ1日。

1 造形ワークショップ 〜〈おじぞうさん〉をつくろう〜

ゲスト：村上佑介（彫刻家／大阪城南女子短期大学専任講師）
子どもの守り仏として信仰を集める地蔵菩薩〈お地蔵さん〉を作るワークショップの第2弾。子どもたちと祖父母世代が創造するお地蔵さんは、どんなカタチで極楽浄土へ導いてくれるのでしょうか？

2 絵画ワークショップ 〜〈極楽・地獄〉どんな世界？〜

ゲスト：中井敦子（こどもアトリエ教師／絵描き）
子どもアトリエで活動するアーティストと一緒に、極楽や地獄をモチーフにした絵画をクレパスや絵の具で長い紙に描いてみました。應典院オリジナル「現代版地獄極楽絵巻」が生まれました。

＊フリンジ企画として、死生観にまつわる絵本の「ブックトーク」や「読み語りのコーナー」を設けました。また、「生きること死ぬこと」について語る哲学カフェもオープンしました！

おわりにかえて

弘田陽介

キッズ・ミート・アート2013　即興楽団UDje( )「涌き上がるこころ、奏でるからだ〜即興アンサンブルの〈ワークショップ〉と〈ライブ〉〜」

　2013年春の、應典院の秋田光彦住職との「何かおもしろいことやりましょうよ」という、ふとした会話から始まったキッズ・ミート・アート。始めるにあたって、「コンセプトをお願いします」と言われて、芸も術もない私は、とりあえず飯の種の哲学・美学・教育学からいろいろとひねり出してみた。「一般的に幼稚園や保育所でやっているような教育的なアートではなくて、もうちょっと大人向けなんだけど大人も消化出来なくて、子どもならどう見るかな、どう体験するのかなっていうのをやってみたいんですよ。ラテン語のインファンスというのは、『言葉をもたない者』と『子ども』という両義的な言葉で、今回やってみたいのはそういう両義的なアートなんですよ」というようなことを、應典院の齋藤佳津子さんと小林瑠音さんに話していたような気がする。おふたりともきっと内心、「この哲学の先生はあまり当てにならないな」と思われていたことだろう。私自身もこの時点では何も考えていなかったのだが、6年間続けてみて実にこの辺りの曖昧模糊としてコンセプトのようなものが、曖昧なまま具体化したという印象をもっている。

キッズ・ミート・アート2015　斎藤青楓「文字のかたち、筆のいきおい〜書道に挑戦しよう〜」

キッズ・ミート・アート2017　ARTclass+ α・椎名観生「おもしろメガネつくり〜いつもの風景を変えてみよう〜」

114　　おわりにかえて

キッズ・ミート・アート2013　山口洋典・山本高之・出演アーティスト「ART MEETS US」

　その2013年の夏、台風が過ぎ去った後に行われたキッズ・ミート・アートは2日間に亘り、いくつものプログラムが同時進行で、しかもまったく順路が示されない巨大博物館といった面持ちで、アーティストも参加者もいろいろな意味で圧倒されたはずだ。私自身も複数のプログラムを出たり入ったりしながら、これを子どもたちはどう受け取るのだろうといったことを考える余裕もないまま、最終のアーティスト・トークの時間となった。最後に発起者として紹介されて、マイクが回ってきたが、思わぬことを口走ってしまうことになる。「個人的には、うちの子どもたちのためにこんなアートがあればいいなって思って、始めました。」こんなあらぬことを口走ってしまい少し後悔した。というのも、自分の子どものために本当にそんなプログラムを用意したかというとまったくの嘘であり、実際にこういうイベントは「誰のためにもならないのではないか」という軽い疑念にさえ囚われていた。その晩は、いろいろな方と話をしながらも、このような疑念を胸に抱えて痛飲した。

　そして、2014年には7月と11月に2つの単発イベントをキッズ・ミート・アートとして行った。キミさんとBOMさんによる服飾・アクセサリー製作ワークショップは、子どもたち、特に4,5歳から小学校低学年くらいの女子の心を掴んだようで2回とも、参加者には喜んでもらえたと思う。その後、2013から2014の開催を踏まえて、2015年5月、名古屋での日本保育学会の自主シンポジウム企画「アートと子どもの出会いとすれ違い——保育におけるアートと保育の外におけるアート——」において、このキッズ・ミート・アートについて発表を行った。実際にこのイベントの概要については小林瑠音、そしてイベントを支える應典院については齋藤佳津子と秋田光軌が発表した。私の発表内容は本書の第Ⅰ章に集約されるが、生命を賛美し生活を高める幼稚園教育・保育と、そのような生の世界から一旦離脱するアートの交じり合いこそが、キッズ・ミート・アートの核心であるというような話をしていた。

弘田陽介

キッズ・ミート・アート2017　田中悠貴・仙墓玲・若杉亮「木のひびきを楽しもう
〜ちっちゃな楽器・おっきな楽器〜」

　話をしながら、私の心の中の裂け目から何やらもぞもぞ囁く声が聞こえてくる。「お前、本当は、子どもとアートなんて憎んでいるだろ？」この囁き声は、保育現場でアート実践を行っておられるフロアーの参加者と質疑応答する中でどんどん大きくなってくる。「そういえばお前は、小さい時、絵画教室に通っていたよな。あれはどうだったんだ？」というところで、幼児期からの私とアートなるもののつながりを思い出したような気がした。幼稚園に通っていた頃、夕方近くの絵画教室に行っていた。どんな絵を描いていたのかは覚えていないが、主宰の先生が「親知らずが痛くて……」なんて話を近所のおばさんと立ち話をしていたのが記憶に残っている。結構、その絵画教室は役に立ったようで、小学校時は授業で絵を描けば展覧会に出展、そして展覧会で入賞といったことが何度もあった。ある時は私が作っていた作品に母親が最後にひとひねりを加えた。私は不本意だったが、仕方なくそれを学校に持っていった。すると普段褒めない先生までもその最後のひとひねりを賞賛した。「とりあえず褒められているからいいか」。またこんなこともあった。小学校6年生の秋の大阪・中之島での写生大会で、皆が好んで描くレンガ造りの中央公会堂をわざと外して、モノトーンの府立図書館を選んで描いたところ、初めてクラスの出展権を他の如才ない優等生に奪われたことも、この時思い出した。「あぁーやっぱり中央公会堂描いとけばよかったか」と思うと同時に、人々の趣味に左右されるアートなるものの本質を知った気がする。

　教育の場はいろんな記憶を子どもに刻み込む。よい記憶もあれば悪い記憶もある。いや、心の傷と呼ばれる悪い記憶こそフローせず、刻み込まれる。キッズ・ミート・アートという場もまた同じではないか。そんなことを2013年の夏からずっと心の内では考えていたのかもしれない。2015年には、さらに規模を大きくして、キッズ・ミート・アートが行われた。2013年にも増して複雑度は上がり、参加者の期待度も上がっていたように思われる。その場で意味はわからずとも、アートは子どもたちに容赦なく傷をつけていく。その傷口

キッズ・ミート・アート 2017　斉藤成美「おもいでダンス〜お寺で表現が生まれるとき〜」

からアートは生まれる。しかし、子どもたちはタフだ。傷も傷とは思っていない。それはまだ十分に言葉をもたないインファンスならではの特権だろう。でも、言葉をもちえた時、その記憶はふっと蘇るだろう。その記憶は、子どもたちの心の中で爆裂すればよいのだと思う。アーティストとは、そんな記憶が心の中で狂い咲き、身体で表現の術を得た大人たちのことを指すのだろう。社会のコンプライアンスも、全てを成果で測定する流行の教育経済学も関係ない。子どもにとっては「底の見えない底なし沼」、大人にとっては「底が丸見えだが足をつけると抜けられない底なし沼」(週刊ファイト元編集長井上義啓がプロレスを評した言葉)。キッズ・ミート・アートを6シーズン経て、少しは私もタフになったのだろうか。

キッズ・ミート・アート 2013　フードコーナー「六地蔵食堂」のミッチー食堂

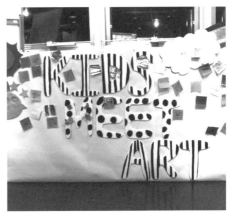

キッズ・ミート・アート 2015　應典院インターン学生による看板

弘田陽介

編著者紹介

〈編集代表〉
弘田陽介
村上佑介
應典院（齋藤佳津子、小林瑠音、秋田光軌）

　本書所収の論文は、Ⅰ弘田陽介、Ⅱ村上佑介、Ⅲ小林瑠音、Ⅳ秋田光軌、Ⅴ齋藤佳津子、Ⅵ栗山誠に執筆されたものであるが、この6名は大阪総合保育大学総合保育研究所「保育におけるアートの可能性」プロジェクトメンバーである。また、上記6名のプロフィールは各論文の扉頁に載せている。

コラム執筆者プロフィール

秋田光彦　あきた・みつひこ
浄土宗大蓮寺・應典院住職／パドマ幼稚園園長。1997年に塔頭・應典院を再建し、「協働」と「対話」の新しい実践にかかわる。相愛大学人文学部客員教授、アートミーツケア学会理事。著作に『葬式をしない寺』、編著に『生と死をつなぐケアとアート』など。

石田泰史　いしだ・やすし
武術操身法 遊武会主宰。無双直伝英信流居合術を修めた後、1998年に武術稽古会「遊武会」を発足。居合術、杖術、柔術を中心とした総合的な武術研究を行いつつ、近年は殺陣から介護術まで指導の幅を広げている。

エメスズキ　えめ・すずき
ダンサー。1990年よりダンサーとして国内外で活動。2004年より、老若男女を問わず「動けない・見えない……」など色々なからだ表現の可能性を探る。現在は2007年より進行中の「＋ちいさなこどもたち」プロジェクトにいそしむ。

金子リチャード　かねこ・りちゃーど
劇作家。高校時代に劇団「絶頂集団侍士」を旗揚げし、作・演出を担当。以降は神戸を中心に活動し、自主公演の作・演出や脚本提供を行う。1児の母、会社員の顔も持ち、現在は仕事・育児・家事の間を行ったり来たりしながら日々の生活を猛進中。

佐々木清子　ささき・きよこ
主婦／母ちゃん／ライター。関西の情報誌編集社勤務後、フリーランスで雑誌等の記者として活動。2016年春に夫の転勤について愛知県へ転居。友達づくりを目的に始めた、お面作りの露天商が板につきつつある。

中井敦子　なかい・あつこ
こどもアトリエ教師／絵描き。2004年より京都・薬師山美術研究所こどもアトリエにて、造形・絵画をこどもたちと楽しむ。ことばとことばじゃないものをつなぐものとしてのアートをテーマに活動。

永原由佳　ながはら・ゆか
学校法人蓮光学園 パドマ幼稚園教務主任。京都女子大学家政学部児童学科（当時）を卒業し、同大学院で児童文化学を専攻。近隣の小学校・保育園などで劇の公演を行い、キッズ・ミート・アート2015で「即興音楽」を担当される野村誠さんのゼミで学んだ。大学院卒業後、パドマ幼稚園の教諭となる。育児休暇を取得後、職場復帰し、現在は教務マネージャーとして教諭陣をたばねる。

野村 誠　のむら・まこと
作曲家／ピアニスト。鍵盤ハーモニカの達人。NHK（Eテレ）「ヒミツのちからんど」「あいのて」「ドレミノテレビ」などに出演。日本相撲聞芸術作曲家協議会理事。日本センチュリー交響楽団コミュニティ・プログラム・ディレクター。千住だじゃれ音楽祭芸術監督。近年は「瓦の音楽」を展開中。

のぐちひろこ
画家／モダンアート協会会員。立花みどり、カール・ボアマンに師事し、水彩や絵の具など違う質感のものを合わせ独自の世界をあらわす。

日高由貴　ひだか・ゆき
ジャズ・ヴォーカリスト／クラリネット奏者／劇団ふたごぼし。大学時代、軽音楽部に入部したことをきっかけにジャズに出会い、歌い始める。数度の渡米を経て、現在は関西を中心にライブハウスやホテル、ラウンジを中心に活動中。2016年、にファーストアルバム『虹色の小舟』をリリース。好評を博す。

陸奥 賢　むつ・さとし
観光家／コモンズ・デザイナー／社会実験者。大阪七墓巡り復活プロジェクト、まわしよみ新聞、直観讀みブックマーカー、当事者研究スゴロク、歌垣風呂、仏笑いなどを主宰。著書に『まわしよみ新聞をつくろう！』(創元社、2018) がある。

門前斐紀　もんぜん・あやき
立命館大学非常勤講師。専門は教育人間学、臨床教育学。もの作りや表現活動に関心がある。著書に『木村素衞「表現愛」の人間学―「表現」「形成」「作ること」の身体論』(ミネルヴァ書房、2019年) など。

山田 修　やまだ・おさむ
縄文人〈見習い〉。糸魚川市出身。メーカー研究員、建築リフォーム店店長を経て、「一人縄文人宣言」をして脱サラ。現在はヒスイ職人をしながら、縄文時代の海のヒスイロードの検証、整体指導、各種体験会講師などを行っている。ぬなかわヒスイ工房代表。

山田千智　やまだ・ちさと
ピアニスト／大阪城南女子短期大学准教授。第40回なにわ藝術祭新進音楽家競演会にて新人奨励賞受賞。これまでに関西フィルハーモニー管弦楽団等と共演他。

Special thanks
撮影：山崎秀隆、坂下清、松田ミネタカ、小嶋謙介、大休真紀子
組版・編集協力：納谷衣美／デザイン：かなもりゆうこ／装画：中井敦子
編集：亀山裕幸 (ふくろう出版)

JCOPY 〈(社)出版者著作権管理機構 委託出版物〉

本書の無断複写(電子化を含む)は著作権法上での例外を除き禁じられています。本書をコピーされる場合は、そのつど事前に(社)出版者著作権管理機構(電話 03-3513-6969、FAX 03-3513-6979、e-mail: info@jcopy.or.jp)の許諾を得てください。

また本書を代行業者等の第三者に依頼してスキャンやデジタル化することは、たとえ個人や家庭内での利用であっても著作権法上認められておりません。

総合保育双書 6

キッズ・ミート・アート
子どもと出会い、すれ違うアート

2019 年 3 月 31 日　初版発行

編　著　大阪総合保育大学総合保育研究所
　　　　「保育におけるアートの可能性」
　　　　プロジェクト
　　　　〈編集代表〉
　　　　　弘田陽介
　　　　　村上佑介
　　　　　應典院

発　行　ふくろう出版
　　　　〒700-0035　岡山市北区高柳西町 1-23
　　　　　　　　　　友野印刷ビル
　　　　TEL：086-255-2181
　　　　FAX：086-255-6324
　　　　http://www.296.jp
　　　　e-mail：info@296.jp
　　　　振替　01310-8-95147

印刷・製本　友野印刷株式会社
ISBN978-4-86186-755-2 C3037　Ⓒ2019
定価は表紙に表示してあります。乱丁・落丁はお取り替えいたします。